KB260982

도전하는 청춘이 아름답습니다.
2012. 11

카페베네 김선권

꿈에 진실하라 간절하라

# 꿈에 진실하라 간절하라

더불어 행복한 생존을 꿈꾸는
카페베네 CEO 김선권 스토리

• 김선권 지음 •

21세기북스

# 꿈을 이루려면
## 모든 것을 바쳐야 한다

"사업가로서 최종 목표는 무엇입니까?"

모임이나 인터뷰가 있을 때마다 자주 받는 질문이다. 나는 놀랄 만한 대답을 기대하며 호기심 어린 표정을 짓는 사람들에게 이렇게 대답하곤 한다.

"최종 목표요? 그것은 '생존'입니다! 서바이벌. 무한경쟁 시대에 다른 누군가에게 뒤처지지 않고 나란히 현재진행형으로 생존하는 것이 목표입니다."

나는 이거다! 확신이 들면 잠깐의 머뭇거림도 없이 곧바로 행동으로 옮긴다. 누가 말릴 틈도 없이 곧바로 지금 당장! 그야말로 빠른 행동이 몸에 배어 있다. 어느 땐 생각과 행동이 동시에 이뤄지기도 한다. 빠른 의사결정과 현장 적용이 오늘의 카페베네를 만드는 데 일조했을 거라 확신한다. 물론 항상 정확하고 올바른 판단만 한 것은 아니다. 너무 빨리 움직이기 때문에 놓치고 간 것, 생각지도 못한 복병이 발목을 잡을 때도 있다.

그러나 확신이 드는 순간 단 몇 분의 망설임도 없이 행동으로 옮기는 오랜 습관은 변함이 없다. 그만큼 간절함이 마음속에서 들끓고 있었기 때문이다. 확신이

섰다면 빨리 행동으로 옮겨서 새로운 성과를 확인하고 싶은 것이다.

나는 가진 게 없었다. 가난했다. 뒤를 봐줄 든든한 배경도 없었으니 지킬 것 또한 없었다. 그러니 나 스스로 존재 이유를 증명하고 자존감을 만들어야만 했다. 나에게는 계획하고 행동하고 작은 성과물들을 하나하나 만들어가는 과정 자체가 새로운 가치 창조였다. 몸을 사리거나 망설일 이유가 없었다. '결핍'은 무에서 유를 창조해내는 새로운 기쁨을 알게 해준 원동력이 되었다. 생각만으로 꿈을 꾼 것이 아니라 온몸을 던져 달리고 또 달렸다.

요즘 젊은이들은 꿈이 없다는 이야기를 종종 듣는다. 그러나 내 생각은 정반대다. 사업상 주요 고객이 20, 30대 젊은 층이기 때문에 만날 기회가 많다. 또 대학 강연 요청이 들어오면 시간이 허락되는 한 경험담을 들려주곤 한다. 현장에서 만난 청년들은 한결같이 야심 찬 꿈을 갖고 있었다.

게다가 스펙은 또 어떤가. 각종 자격증에 외국어 실력을 갖췄다. 거기다 해외 연수 경험은 물론이요, 건장한 체격까지……. 조금만 부지런하면 필요한 정보도 곳곳에서 얻을 수 있는 환경이다. 20년 전의 초라했던 내 청춘과 비교하면 부러움을 넘어 경이롭기까지 하다. 그들의 꿈은 구체적이고 다양하다. 때론 상상을 뛰어넘을 만큼 기발하다.

그런데 왜 세상은 그들에게 꿈이 없다고 말하는 것일까. 그건 분명 간절함과 피 끓는 애절함이 부족하기 때문일 것이다. 가슴속 숨죽이고 있는 열정을 들끓게 할 기폭제가 있다면 분명 그들은 눈부시게 비상할 것이다. 때론 참담하고 가슴

쓰리고 설레고 벅찬 순간들이 교차했던 나의 경험이 마중물이 될 수 있었으면…
하는 마음으로 한 권의 책을 엮게 되었다.

'꿈은 바라보고 간직하는 것이 아니라 온 마음으로 온몸으로 부딪치는 것이다.'

여전히 변함없는 확신을 갖게 해준 것은 순전히 카페베네 호에 동승해 주신 가맹점 대표 여러분 그리고 고객 여러분의 무한신뢰 덕분이다. 이제 나의 최종목표는 '모두가 함께 즐겁게 생존하는 것'이다.

2012년 11월
카페베네 김선권

# Contents

# 결핍이
# 자산이다

나 역시 이것저것 탓하며
타고난 부족함 뒤에 숨으려 했다면
아마 지금의 나는 없었을 것이다.

나는 그 누구보다도
모자라고 부족한 사람이었기에
그 누구보다도 더 많이 채우기 위해 노력했다.

그 노력의 끝에서
지금의 내가 되었다.

집안이 초라하다고 탓하지 말라,

가난하다고 말하지 말라,
배고프다고 말하지 말라,

작은 나라에서 태어났다고 말하지 말라,
배운 게 없다고 힘이 없다고 탓하지 마라.

집안이 초라하다고 탓하지 말라,

가난하다고 말하지 말라,
배고프다고 말하지 말라,

작은 나라에서 태어났다고 말하지 말라,
배운 게 없다고 힘이 없다고 탓하지 마라.

# 아무것도
# 탓하지 마라

"들쥐를 잡아먹고 살아갈지라도 우리들의 유일한 목표인 2015년 글로벌 기업을 향해 끝없이 전진할 것이다!"

이 구호는 매주 월요일마다 아침 8시 30분이면 해외사무소를 비롯한 전국에 있는 직원들이 모여 화상 회의를 할 때 어김없이 외치는 말이다. 세계 시장 진출을 결정하면서 우리 자신을 채찍질하기 위해 만든 것이다.

"집안이 초라하다고 탓하지 말라, 가난하다고 말하지 말라, 배고프다고 말하지 말라, 작은 나라에서 태어났다고 말하지 말라, 배운 게 없다고 힘이 없다고 탓하지 마라."

칭기즈칸이 한 말이다. 그의 말 중 일부를 구호로 인용한 것이다. 그렇다! 테무친은 모든 핑계를 내려놓고 모든 약점을 극복하고 난 뒤, 비로소 '칭기즈칸'이 되었다. 나 역시 이것저것 탓하며 타고난 부족함 뒤에 숨으려 했다면 아마 지금의 나는 없었을 것이다. 그 누구보다도 모자라고 부족한 사람이었기에 그 누구보다도 더 많이 채우기 위해 노력했다. 그 노력의 끝에서 지금의 내가 되었다.

내가 유년기를 보냈던 1970년대는 지금과는 비교도 안 될 만큼 모든 것이 어설프고 부족했다. 게다가 내가 태어나서 자란 전남 장성군 삼서면은 읍내에서 버스를 타고 40분을 간 다음 걸어서 30분을 더 가야 닿을 수 있는 깡촌이었다. 우리 집뿐만 아니라 이웃의 형편도 다 도토리 키 재기 수준이었다. 한 가지 다른 점이 있다면 아버지가 일찍 돌아가신데다 형제가 아홉이나 되니 온종일 논밭에서 허리 펼 짬 없이 어머니가 모진 고생을 하셨다는 것이다.

그 시절, 장마철에는 참 비가 많이 내렸다. 비가 억수같이 내리면 우리 집은 전쟁터처럼 난리가 나곤 했다. 큰비가 올 때는 천정에서 빗물이 샜다. 한 방울씩 떨어지면 바가지나 그릇으로 빗물을 받아야만 했다. 하지만 아예 빗물이 벽을 타고 스며들어오면 대책이 없었다. 그래서 잠을 잘 땐 차라리 집안이 아니고 마루에서 자기도 했다. 마룻바닥은 나무여서 축축한 느낌이 조금 덜하기 때문이다.

그러나 정작 더 큰 문제는 논이었다. 큰비가 오면 논의 물꼬를 빨리 터주어야만 했다. 벼가 한창 자라는 7, 8월에는 논에 물이 넘치지도 모자라지도 않게 항상 일정해야 하기 때문이다. 그런데 폭우가 쏟아지니 물꼬를 빨리 터주지 않으면 약한 제방이 무너져버릴 수 있다. 제방이 무너질 때는 마치 큰 댐이 무너지듯 흙탕물이 마구 쏟아져 벼와 흙을 비롯한 모든 것들이 순식간에 쓸려 내려갔다. 특히 우리 논은 동쪽과 서쪽 등 사방 2킬로미터에 퍼져 있었다. 그래서 어머니는 큰비가 오면 삽을 들고 논으로 달려가셔야만 했다. 비옷도, 우산도 쓰지 않은 채 말이다.

'왜 우리 엄마는 비옷도 없을까?' '왜 우리 엄마는 새벽에도 빗소리만 들리면 자다 말고 논으로 달려가실까?'

난 마루에 앉아 논에서 돌아오시는 어머니 모습을 안쓰러운 마음으로 바라봤다. 비에 흠뻑 젖은 어머니의 모습을 보고 있노라면 마음이 편치 않았다. 그때마다 나는 다짐했다.

'내가 어른이 되면 우리 엄마를 대신해서 일을 다 할 거야! 그리고 내가 돈 많이 벌어서 우리 엄마 비옷을 사 드릴 거야!'

나는 비가 올 때마다 이 다짐을 떠올리며 마루에서 엄마를 기다리곤 했다. 초등학교 시절은 그렇게 비와 어머니의 기억으로 점철된 나날들이 많았다. 그리고 홀로 고생하시는 어머니의 일을 도와야 했다. 학교를 마치고 집으로 돌아와 책가방을 내려놓기가 무섭게 곧장 논으로 달려갔다. 친구들이 텔레비전이 있는 집에 모여 만화나 드라마를 보며 놀 때 일을 해야 했다. 그러지 않으면 어머니가 집으로 돌아오시는 시각이 그만큼 늦어지기 때문이다.

지금껏 실제로 만나본 내 또래의 사람 중에 어린 시절에 나처럼 많은 고생을 한 사람을 본 적이 없다. 그 덕분인지 나는 어른이 된 후에도 웬만한 고생은 사서도 하는 편이다. 혹자는 이러한 나의 유년기를 '결핍'이라 해석하고 내 성공의 원동력이 그 결핍을 없애기 위한 몸부림이라 말한다. 완전히 틀린 말은 아니지만 그렇다고 꼭 들어맞는 해석도 아니다.

나는 분명 가난했고 그 가난 속에서 모진 고생을 한 것은 맞다. 하지만 그것이 부유한 사람들에 대한 이유 없는 반발심 또는 막연한 동경으로 이어진 적은 결코 없다. 또 가난하다는 이유로 그 가난을 벗어나기 위해 부자가 되어야겠다고 생각한 적도 없다. 나는 단지 나에게 주어진 그 지독한 가난과 그에 따른 고생을 숙명처럼 짊어지고 가는 어머니의 모습이 안쓰러웠다.

어머니께서 혼자 이런 짐을 지고 가셔야 했던 것은 아버지가 갑작스레 돌아가셨기 때문이다. 어머니 혼자서 나를 비롯한 아홉 명의 자식들을 먹여 살려야만 했다. 지금도 아버지께서 돌아가셨을 때의 기억이 어렴풋이 난다. 그때의 아스라한 기억을 2008년에 어느 잡지에 기고한 적이 있다.


누나의 울음소리에 깜짝 놀라 잠에서 깬다.

누나가 목 놓아 울고 있다.

집에는 마을 사람이 모두 와 있는 듯 몹시 시끄럽다.

하염없이 눈물을 흘리시는 어머니는 말을 잊지 못한다.

"마지막으로 아빠 얼굴 한 번 보렴. 지금 아니면 볼 수 없을 게다……."

병풍 뒤로 하얀 천으로 덮인 무언가가 보인다.

직감적으로 아버지라는 것을 알았다.

갑자기 가슴이 답답해졌다.

매를 맞는 것도 아닌데 자꾸만 눈물이 났다.

어머니 눈물 때문에 더욱더 눈물이 났다.

그때 난 고작 여덟 살이었다.


아버지가 떠난 자리는 생각보다 컸다. 고통은 남은 가족의 몫이었다.

먹고 살아야 하는 현실에 부딪혔기 때문이다.

당신의 심장을 뛰게 하는
그 길에서마저
주저앉을 사람이라면

당신은 그 어떤 길도
걷지 못할 것이다.

# 02

# 가슴 뛰는 길 위에서
## 주저앉을 순 없다

"너는 웃는 얼굴이 참 보기 좋아."

내 인생을 바꾸어놓은 한 마디이다. 어린 시절 누군가에게서 들었던 그 한 마디를 믿고 덜컥 세일즈의 길로 뛰어들었다. 그것도 열일곱 어린 나이에 말이다. 어린 시절에 나는 화가가 되고 싶었다. 그리고 스포트라이트를 받으며 무대 위를 종횡무진 누비고 다니는 가수가 되고 싶었다.

친구들이랑 그룹으로 몰려다니며 춤에 빠진 적도 있을 만큼 한때 무대는 멋진 동경의 대상이었다. 또 군인이 되고 싶기도 했다. 일일이 열거하기도 어려울 만큼 되고 싶은 것이 많은 꿈 많은 소년이었다. 물론 그것은 내 재능이나 현실과는 전혀 무관한 꿈들이었다. 어린 시절의 나는 뭐든지 할 수 있고 될 수 있다고 생각했다.

"아르바이트?"

나는 우연히 받아든 전단에서 생필품 판매 아르바이트생을 구한다는 글을 보고 무작정 광주로 나갔다. 내 고향 장성과 그리 멀지 않은 곳이라 주말을 이용한다면 충분히 일할 수 있겠다는 생각이 든 것이다. 더군다나 나처럼 해맑은 미소를 지닌 소년이 물건 하나만 팔아달라는데 그것을 거절할 야박한 사람이 어디 있겠는가! 나의 철없는 자신감은 곧장 무모한 도전으로 이어졌다.

"할머니, 하나만 팔아줘요."

나는 고무장갑, 수세미, 손톱깎이 등 온갖 잡다한 물건들을 늘어놓으며 생면부지의 낯선 할머니 앞에서 그 특유의 해맑은 미소로 마음을 움직였다. 할머니는 사탕 사달라 떼쓰는 철부지 손자를 보는 듯 마냥 흐뭇해하시며 이것저것 사주셨다.

열 집을 돌면 두세 집에서는 꼭 내 물건을 사주었다. 나는 그것이 신기하기도 하고 재밌기도 했다. 게다가 별달리 구매의사가 없던 사람을 설득하여 물건을 팔았을 때는 최고급 자동차를 한 대 판 것과도 같은 강한 희열까지 느껴졌다. 가난한 살림살이 덕분에 돈을 벌어보겠다고 나선 세일즈의 길이었지만 돈을 버는 것 이상으로 사람들을 만나고 설득하는 일련의 과정들이 재밌고 좋았다.

"이 고무장갑이 보기엔 그냥 고무장갑처럼 보이지만요, 알고 보면……."

내 천진한 미소가 통하지 않는 사람들에겐 설득도 하고 타협도 했다. 그리고는 결국 그들이 내 물건을 사게 만들었다. 1,000원짜리 한두 장이면 가능한 값싼 물건들이 고작이었다. 하지만 나는 그들에게 필요성을 설명하고 그 물건을 구매함으로써 얻게 되는 이점들도 설명했다. 돌이켜 생각해보면 어린 학생이 천진하게 웃으며 생필품을 팔러 다니니 안쓰러운 마음에 구매해주었을 것이다. 하지만 그때의 나는 내게 천부적인 세일즈맨의 기질이 있다고까지 생각할 정도로 성취감과 만족감이 컸다.

"너 그때 왜 그러고 다녔어?"

어른이 된 이후에 그때의 친구들과 술을 한잔하며 옛이야기를 나눌때면 친구들은 그 시절의 내가 정말 의아했다고 한다. 그도 그럴 것이 당시도 요즘처럼 고등학생이라면 누구나 대학이라는 한 곳을 향해 죽을힘을 다해 달려가야 했다. 잠시 허튼짓을 하거나 멈춰 쉬는 것이 쉽게 용납되지 않았던 것이다.

나는 왜 책가방을 들고 학교와 학원을 오가도 모자랄 판에 학교 끝나기가 무섭게 온갖 생필품이 담긴 커다란 짐가방을 들고 낯선 골목들을 헤매고 다녔을까. 아주 간단하게는 '돈' 때문이다. 가난이 무엇인지 누가 가르쳐주지 않아도 온몸으로 알 수 있을 만큼 가난했다. 나는 그 가난 속에서 돈이 있어야 밥을 먹고 돈이 있어야 책을 살 수 있다는 것을 자연스레 알아갔다. 그래서 내게 '돈'은 아주 소중한 것이자 아주 고마운 것이었다.

물론 그 시절 우리 집이 찢어지게 가난해서 밥을 굶거나 책을 살 돈이 없었던 것은 아니다. 하지만 내가 여덟 살 되던 해에 아버지가 돌아가신 후 어머니는 시골에서 농사를 지으며 우리 아홉 남매를 돌보셔야 했다. 어머니의 고생길이 시작된 것이다. 어머니는 갑자기 아버지께서 돌아가시면서 인생이 확 바뀌고 말았다. 내 위로 형님들이 하나둘 취직을 하면서 어머니는 오랜 수고로움을 조금은 덜 수 있게 되었다. 하지만 나를 비롯해 아직 학교에 다니는 자식이 몇이나 더 남아 있었다. 나는 어린 마음에 어떻게든 도움을 드리고 싶었다.

다행히 나는 떠돌이 보따리 장사에 점점 재미를 느껴갔다. 아르바이트하며 만났던 친구들의 대부분이 반나절만 지나도 다리 아프다, 허리 아프다, 배고프다 투정했다. 하지만 나는 그런 힘겨움보다는 돈을 버는 재미와 사람들을 만나는 즐거움이 더 크게 다가왔다. 게다가 내가 노력한 만큼의 대가를 받을 수 있다는 점에서 외판이 무척이나 마음에 들었다.

"그런데 이게 원가가 얼마야?"

외판에 한창 재미를 붙여가던 어느 날, 나는 문득 내가 팔고 있는 물건들의 원가가 궁금해졌다. 아르바이트생들을 모집한 상회에서는 학생들에게 물건을 나눠주고 그것을 팔아오면 그 수익의 일부를 떼어 수고비로 나눠주었다. 그런 과정을 지켜보다 보니 자연스레 도대체 이게 원가가 얼마이기에, 아니 더 정확하게는 '그것을 팔고 남는 이익이 얼마이기에 아르바이트생을 모집하여 그 수고비를 떼어줄까?'라는 의문이 들게 된 것이다.

나는 도매상을 찾아가 물건 원가를 알게 되고는 그동안 참 바보 같은 짓을 했다는 생각이 들었다. 물건을 도매상에서 직접 떼어 팔면 그 이익이 모두 내 것이 되지 않는가! 나는 생각이 여기까지 미치자 그동안 아르바이트를 해서 모은 돈과 셋째 누나에게서 얼마간의 돈을 융통해서 물건을 사들이기 시작했다. 그렇게 내 생애 첫 사업이 시작되었다. 나는 짐짝만 한 큰 가방에 온갖 생필품들을 넣어 이곳저곳 떠돌며 물건을 팔아야 했다. 하지만 그때의 나는 누구보다 당당하고 자신감 넘쳤다. 내가 선택한 일, 내가 좋아서 하는 일인데 창피할 이유도 기죽을 이유도 없었다.

물론 모든 것이 순탄하지만은 않았다. 생각보다 물건이 잘 팔리지 않아서 힘이 빠지는 날도 있었다. 재고 걱정이 생기기도 했다. 그리고 무엇보다도 가장 큰 걸림돌은 나 자신이었다. 아르바이트 때와는 달리 언제 집을 나서든 상관없었다. 또 힘들면 아무 때나 집으로 돌아올 수 있다는 심리적 편안함이 결국 느슨함과 나태함으로 발전하게 된 것이다. 나는 한 시간만 더 한 시간만 더 하며 이불 속에서 딩굴기도 하고 힘들다는 이유로, 장사가 잘 안된다는 이유로 애초에 목표로 했던 근무시간의 반도 채우지 못하고 돌아오기도 했다.

"어휴! 저 많은 걸 언제 다 팔지?"

방 한쪽 구석에 쌓여 있는 물건들을 보며 매일 한숨이 늘어갔다. 그냥 작은 수고비나 받으며 상회에서 아르바이트나 했다면 몸은 힘들지언정 마음고생은 하지 않아도 되었을 것이다. 하지만 후회를 하기엔 이미 늦었다. 좁은 방 한쪽에 놓인 생필품 재고들이 나를 끊임없이 노려보고 있었다. 나를 믿고 돈을 빌려준 누나의 잔소리가 환청처럼 귓가에 맴돌았다.

결자해지라고 했다.

내가 저지른 일이니 어떻게든 내가 책임을 져야 했다. 막막한 마음에 발길이 떨어지지 않았지만 다시 광주로 나가 이 골목 저 골목을 누비고 다녔다. 목소리는 더 우렁차게, 발걸음은 더 씩씩하게, 표정은 더 해맑게! 자신을 패배자라고 생각하는 사람의 제품을 사줄 사람은 아무도 없다! 나는 오늘 다시 새롭게 도전한다! 그래서 나는 다시 승자가 된다!

마음가짐을 다르게 해서일까. 내 어깨를 짓누르던 짐 가방의 무게가 점점 줄어들었다. 마침내 방 한쪽을 차지하던 재고들도 모두 사라졌다. 누나에게 빌렸던 돈도 모두 갚았다. 내 손엔 노력의 대가로 얻은 귀한 돈이 쥐어져 있었다. 내 가슴엔 생애 첫 도전에서 얻은 세상에서 가장 값진 '성공'이 새겨져 있었다.

성공을 향한 첫 시작은 그리 거창한 결심을 요구하지 않는다. 어느 날 문득 받아든 전단과 약간의 호기심만으로도 충분히 그 첫발을 뗄 수 있다. 시작은 우리가 짐작하는 것보다 훨씬 쉬울 수 있다. 대신 성공은 그 과정에서 우리에게 혹독하리만큼 많은 땀과 인내를 요구한다. 물론 그 땀과 인내를 감내할 수 있을는지는 개개인이 판단할 몫이다. 시작한 이상 끝을 봐야 한다는 구태의연한 말이 아니다. 나는 오히려 첫발을 뗐다고 해서 끝까지 그 길을 가야 할 필요는 없다는 것을 말해주고 싶다.

첫발을 뗐다면 우선은 그것이 나와 맞는지부터 살펴야 한다. 내게 즐겁고 신났던 그 골목길이 누군가에게는 지겹고 고약스런 길일 수 있다. 마찬가지로 당신이 내디딘 그 첫걸음이 알고 보니 천 리를 걷는 것처럼 힘겹다면 더 많은 걸음을 걷기 전에 미련 없이 돌아서야 한다. 그 길은 당신의 길이 아니기 때문이다. 대신 당신이 내디뎠던 수많은 첫걸음 중 당신을 즐겁고 신나게 하는 길이 있다면, 그 길을 걷는 노중에 느끼게 되는 힘겨움은 당신이 감내해야 할 몫이다. 당신의 심장을 뛰게 하는 그 길에서마저 주저앉을 사람이라면 그 어떤 길도 걷지 못할 것이기 때문이다.

나는 감사하게도 첫걸음에서 길을 찾았다. 힘겹고 고달픈 길이기도 했다. 하지만 나는 결국 열일곱의 나이에 그 길을 걸어냈다. 나는 뭐든 할 수 있고 뭐든 될 수 있다는 자신감을 다시 한번 가슴 깊이 새기게 되었다.

나는 생각에 확신이 들면
그 순간 곧바로 행동으로 옮긴다.

몸에 밴 습관처럼
어느 땐 생각과 동시에 몸을 움직인다.
꿈꾸는 대로 움직여라!

# 03

# 꿈이 가리키는
## 방향으로 걸어가라

사회 첫발! 그래 장사를 하자! 3년의 군 복무를 마친 나는 내 인생의 여러 갈래의 길을 놓고 고민을 했다. 대학을 졸업해서 사업을 시작할지, 아니면 회사에 취직할지, 자격시험을 준비할지를 두고 장고를 거듭해야만 했다. 당시 나의 이런 고민은 요즘 젊은 청년들의 고민과도 흡사하다.

지난 2011년 7월 15일에 코엑스 컨퍼런스 룸에서 '꿈에 진실하라'는 주제로 생애 첫 공개강의를 한 적이 있었다. 그때 나는 진로에 대해 고민을 하는 청년들의 모습에서 젊은 시절의 나를 볼 수 있었다. 당시 강연은 카페베네의 성공에 대한 대중들의 호기심이 커서인지 6,000명이 넘는 수강 신청자가 몰릴 만큼 큰 관심을 받았다. 하지만 수용인원이 500명밖에 되지 않았다. 그나마 서서 듣겠다는 사람들까지 입장을 시켜 600여 명의 관중을 앞에 두고 강의를 했다.

미처 강의장에 들어오지 못해 복도에서 TV 화면으로 강의를 듣는 사람들, 많은 언론사에 온 기자들, 마케팅 관련 대학교수들 등 수많은 사람이 그 강연에 찾아왔지만 유독 기억에 남는 학생이 있었다. 강의가 끝나고 질의응답을 할 때였다.

"저, 대표님! 저는 지금 대학교 2학년입니다. 그런데 지금 학업을 때려치우고 제 사업을 하려는데요. 어떻게 해야 하는지 말씀 좀 해주십시오!"

그 학생의 당당하고 당돌한 질문에 모든 관중이 웃음을 터트렸다. 그러나 나는 속으로 약간 당황했다. 그도 그럴 것이 예상했던 질문은 "카페베네의 경쟁력이 무엇이냐?" "어떻게 해야 성공할 수 있느냐?"와 같은 것이었다. 그런데 학업을 때려치우고 사업을 하고 싶다는 이야기는 전혀 예상하지 못한 것이었다.

그 학생의 이야기를 듣고 있으니 앞서 말했던 진로를 두고 고민했던 내 청년 시절이 떠올랐다. 당시 나의 선택은 사업이었다. 그래서 장사를 먼저 시작했다. 그러다가 뒤늦게 30대가 되어 세종대에서 경영학을 공부했고 2012년 2월에 경영학 석사과정을 수료했다. 이때 마지막 숙제를 마친 기분이 들었다. 나는 그 학생의 질문과 패기에 묘한 공감대를 느꼈다. 그래서인지 속으론 그렇게 생각했다.

'나도 그랬거든! 학위는, 그러니까 공부는 포기하지 않는다면 나중에 얼마든지 할 수 있어. 지금 정말 하고 싶은 게 있으면 순서를 조금 바꿔도 괜찮아.'

하지만 정작 답변은 속마음과 달리 엉뚱한 방향으로 흘러나왔다.

"공부는 할 수 있을 때 해야지요. 나중에 하면 공부하는 게 더 힘들어지죠. 적절한 때에 하는 게 더 경제적이에요. 나중엔 하고 싶어도 기억력도 떨어지고, 더 시간이 걸리거든요"

당돌한 질문에 비해 어쩌면 김새는 답변이었을 것이다. 시간이 있다면 개인적으로 좀 더 피부에 와 닿는 솔직한 얘기를 들려주고 싶었다. 그런데 질문은 꼬리에 꼬리를 물고 이어졌다.

이번엔 말쑥한 옷차림이 눈에 띄는 청년이 손을 번쩍 들었다.

"저는 서울 토박이인데 앞으로 블루베리 사업이 잘될 것 같아서 시골에 내려가 준비 중입니다.

대표님께서 한마디 해주시면 큰 힘이 될 것 같아 충북 음성에서 달려왔습니다."

말쑥한 차림과는 정반대로 그의 꿈은 청년 농부였던 것이다. 이 반전의 주인공은 강연이 끝나고 정확하게 1년이 지난 후, 비서실로 한 통의 우편물을 보내왔다.

'탱글탱글 물이 오른 햇 블루베리가 나왔습니다'

팸플릿 속의 청년은 충북 음성농장에서 처음 수확한 블루베리를 들고 환하게 웃고 있었다.

나는 창원에서 보급행정병으로 군 생활을 했다. 그래서 그런지 숫자 감각은 스스로도 인정하는 편이다. 특히 손익계산서 등 회계 분야는 상당 수준 저절로 깨우치게 되었다. 그때의 경험 덕분인지 처음 장사를 시작할 때부터 손익계산서나 대차대조표 등 재무제표를 스스로 작성하는 것에 별무리가 없었다.

　나는 20대 후반에 형들이 있는 서울로 향했다. 서울에 올라오면서 내 속엔 여전히 '나는 뭐든 할 수 있다!'는 자신감이 넘쳐흘렀다. 특히 학창 시절에 이것저것 아르바이트를 하며 장사의 감을 익힌 터라 장사를 해보고 싶다는 마음이 컸다. 하지만 당장에 점포를 얻어 장사할 수 있는 형편이 아닌지라 적은 돈으로 시작할 수 있는 것들을 궁리하기 시작했다. 그러다 마침 연말이 다가오고 하니 복조리 장사를 하면 좋겠다는 생각이 들었다.

　나는 생각에 확신이 들면 그 순간 곧바로 행동으로 옮긴다. 몸에 밴 습관처럼 어느 땐 생각과 동시에 몸이 움직일 때도 있다. 당장 담양으로 내려가 복조리를 사들이기 시작했다. 나는 아무 장식이 없어 밋밋한 복조리가 허전해서 아르바이트 아주머니들을 모집해 복조리에 리본을 달게 했다.

　"골라! 골라! 새해 복이 가득 담긴 행운의 복조리 골라가세요!"

　나는 크리스마스가 지나고부터 의정부역 앞에서 복조리를 팔기 시작했다. 목이 터져라 "골라! 골라!"를 외쳤다. 저녁이 되면 낮에 미처 다 팔지 못한 복조리를 들고 유흥가 쪽으로 옮겨가 마저 다 팔기도 했다. 연말이다 보니 유흥가 밤거리에는 연인들로 북적였다. 나는 눈에 보이는 연인마다 쫓아가 "복 받으세요!"를 외치며 복조리를 건네주었다. 그러면 열이면 아홉 커플은 웃으며 복조리를 사준다.

　추운 겨울날 온종일 발품을 팔며 행인들에게 아쉬운 소리를 해야 했지만 힘들고 서글프다는 생각은 들지 않았다. 오히려 크리스마스와 연말의 들뜬 거리 분위기를 마음껏 구경하면서 돈까지 벌 수 있었으니 즐겁기만 했다. 게다가 다른 것도 아니고 사람들에게 복을 드리는 일을 하니 나름의 의미 있는 일이기도 했다.

나는 그렇게 서울에서 첫 사회생활을 시작하며 신고식을 했다. 지금도 그때 그 노상 복조리 장사를 생각하면 마음이 뿌듯하다. 누가 시키지도 않았고 굳이 하지 않아도 되는 것을 세상을 배우고 싶고 장사를 배우고 싶어서 시작한 실천이었기 때문이다. 비록 보잘것없는 복조리 장사라도 말이다.

나를 내가 100퍼센트 통제할 수 있다는
사실을 느끼는 순간,

나는 세상을
다 얻은 것 같은 느낌이 들었다.

그리고 또 새롭게
나를 훈련하는 방법을 찾았다.

# 04

# 겨우 한 번의
# 실패를 했을 뿐이다

'내가 죽은 건가⋯⋯.'

눈을 떴을 때 그곳은 관이었다. 빛이라곤 보이지 않는 암흑과 아래로부터 올라오는 냉기가 온몸으로 전해져왔다. 나는 그곳이 관 속임을 믿어 의심치 않았다. 지난밤 내 신세를 한탄하며 유서를 쓴 것까진 기억이 났다. 아무것도 가진 것 없이 벌거숭이처럼 태어난 것이 싫었다. 위기에 처했을 때 그 누구도 내 손을 붙잡아줄 사람이 없는 냉혹한 현실이 너무나 원망스러워 모든 것을 다 놓아버리고 싶었다.

나는 그렇게 밤새 세상을 탓했다. 오래전 돌아가신 아버지까지 원망하며 서울의 한 귀퉁이 초라한 반 지하방에서 눈을 감았다. 굳이 죽으려는 마음까지는 아니었다. 그런데 눈을 떴을 때 나는 이미 관 속에 누워 있었다.

나는 스물일곱에 본격적으로 가게를 차려 장사를 시작했다. 창업자금은 아르바이트해서 모아놓은 쌈짓돈 350만 원, 둘째 형에게 빌린 1,000만 원, 카드깡으로 650만 원을 보태 2,000만 원으로 창업비를 준비했다. 나는 친척 형과 함께 동업형식으로 작은 호프집을 열었다. 가진 돈이 워낙 적었던 터라 입지를 생각할 여유가 없었다. 동두천 어느 골목의 작은 지하라도 좋았다. 반쪽짜리 사장이어도 상관없었다. 내가 열심히만 한다면 성공은 이미 내 것이라 자신했다.

"동두천 돈을 다 쓸어 모을 테다!"

나는 호기로웠던 시작과 달리 문을 연 지 한 달도 안 되어 후회의 한숨을 내쉬어야 했다. 워낙 입지가 안 좋았지만 최고의 친절과 서비스로 고객을 대했다. 원가를 계산해가며 손익을 따지는 것조차 사치라는 생각이 들었기에 들어오는 손님마다 푸짐한 서비스 안주로 마음을 얻으려 노력했다. 그럼에도 장사는 도통 나아질 기미가 보이지 않았다.

"괜찮아. 시간이 걸릴 뿐이야."

나는 온 힘을 다해 고객을 응대하면 한 번 들렀던 고객이 반드시 잊지 않고 다시 찾아주고 새로운 신규 고객까지 데리고 오는 현상이 벌어질 것이라 믿었다. 하지만 나의 바람은 영원히 바람으로만 머물렀다. 1년 가까이 어렵게 장사를 이어갔지만 변한 건 아무것도 없었다. 나는 현실을 받아들여야 했다. 이대로 더 가다가는 빚만 늘어나고 마음만 더 황폐해질 뿐이라는 판단을 했다.

나의 첫 사업은 그렇게 참담한 실패로 끝났다. 그야말로 쫄딱 망한 것이다. 불 꺼진 초라한 자취방에서 스물일곱 청춘은 세상을 향해 억울하다

소리쳤다. 이건 처음부터 잘못된 게임이다. 애초에 가진 것이 없는 사람은 전부를 다 걸고 죽기 살기로 뛰어도 부를 타고난 자를 이기지 못한다. 그들은 출발점부터가 다르기 때문이다. 생각이 여기까지 미치자 죽고 싶다는 생각 외엔 아무 생각도 들지 않았다.

"안 돼! 이대로 죽을 수는 없어!"

나는 아이러니하게도 관 속에서 눈을 떴을 때 전혀 다른 말을 하고 있었다. 나는 온 힘을 다해 깜깜한 관 속에서 빠져나오려 버둥거렸다. 이제 겨우 한 번의 실패를 한 것뿐이다. 근데 이대로 죽기엔 내 청춘이 너무나 아깝나는 생각이 들었다. 그때였다. 가늘게 뜬 눈 사이로 옅은 빛들이 보이고 사람들의 발걸음 소리가 들려왔다. 멀리서 자동차 오가는 소리도 들려왔다. 내 입에선 나도 모르게 안도의 한숨이 새어나왔다. 그렇다! 나는 죽지 않았다.

내가 관 속이라 여겼던 그곳은 다행히도 내 자취방이었다. 반 지하방이라 가로등 불빛이 잘 들어오지 않는데다가 며칠 동안 난방을 하지 않아 냉기가 올라왔던 것이다. 정신이 번쩍 들었다. 난 이제 겨우 한 번의 도전과 한 번의 실패를 겪은 것뿐이다. 그런데 죽음이라니!

나는 날이 밝기를 기다렸다가 고향 집으로 향했다. 어머니가 해주시는 따뜻한 밥을 먹으면 그나마 위안이 될 것 같았다. 늘 그렇듯 어머니는 눈물과 한숨을 뒤로 감추시고 말없이 나를 품어주셨다. 돈 많이 벌어서 당신 호강시켜 드리겠다던 아들이 빚만 잔뜩 짊어진 채 고향을 찾았으니 그 속이 오죽하셨을까.

그러던 어느 날, 그날도 어머니는 평소처럼 밭으로 향하셨다. 나는 그 안쓰러운 뒷모습을 멍하니 바라보고 있다가 갑자기 종이를 꺼내 들었다. 이미 일은 벌어졌고 대책도 안 서는 상황이었다. 게다가 스물일곱 새파란 청춘에 이미 빚쟁이가 되었다.

하지만 나는 죽었다 생각했던 관 속에서 살기를 소망하며 벌떡 일어났다. 그렇다면 나는 살아야 했다. 이대로 무너질 것이 아니라면 남 탓을 한다고 해서 해결될 문제가 아니다. 차라리 문제의 본질을 정확하게 들여다본다면 해결점도 찾을 수 있으리란 생각이 들었다.

나는 지금의 현 상황을 최대한 객관적으로 종이에 적었다. 그리고 그에 대한 나의 솔직한 심정이 어떤 것인지 그 무게감들을 적어나갔다. 빚은 얼마고, 잃은 것은 무엇이고, 또 이것들을 해결하기 위해 앞으로 어떻게 해야 하는지도 생각나는 대로 적었다. 마지막으로 왜 이런 상황까지 오게 되었는지 그 원인도 스스로 따져 물었다.

"목이 안 좋은 줄 알면서도 너 그 가게 얻었잖아? 무리하게 빚까지 얻어서 시작을 한 사람도 너야."

실패 원인을 조목조목 적으며 따지고 드니 신기하게도 모든 것이 내 탓이었다. 특히 나처럼 여기저기를 다니면서 고객을 만나고 설득하기를 즐기는 사람이 가만히 앉아서 찾아오는 고객을 맞아야 했으니 그 일은 애초에 내 성향과도 전혀 맞지 않는 일이었다. 어디 그뿐인가. 내 가게를 갖는 것에 현혹되어 상권이나 업종분석 등도 뒷전이었다. 그 모든 것이 내가 자초한 일이었다.

"아! 이 모든 것이 내 잘못이군. 그럼에도 지금까지 나는 남 탓만 하고 있었구나!"

순간, 온몸에 전율이 일었다. 그저 정리를 해보자고 적은 글들에서 전혀 다른 세상을 만난 것이다. 가게를 잘못 얻었고, 업종도 잘못 선택했고, 무리하게 돈을 빌려서까지 사업을 시작한 사람도 나였다. 그런데도 지금까지 내 입에선 무엇을 이야기했는지. 남 탓을 하고 운명 탓을 하며 스물일곱의 내 인생을 아무것도 아닌 것으로 만들고 있었다.

"그래! 내가 잘못해서 실패했으니 내가 잘하면 성공하겠네!"

너무나 명쾌한 답이 나왔다. 업종 선택을 잘못해서 실패한 것이라면 다음번엔 업종 선택을 잘하면 된다. 상권분석을 제대로 하지 않아 실패했다면 다음번에 더욱 철저히 상권분석을 하면 된다. 나는 얼핏 말장난과도 같은 이 깨달음에서 잠시 잊었던 '나는 뭐든 할 수 있다'는 자신감을 되찾게 되었다. 나만 잘하면 된다.

나를 내가 100퍼센트 통제할 수 있다는 사실을 느끼는 순간, 세상을 다 얻은 것 같은 느낌이 들었다. 그리고 또 새롭게 나를 훈련하는 방법을 찾았다. 그 이후부터 자신을 단련시켰다. 그 훈련은 나의 비밀 병기라고 할 수 있다. 이렇듯 고비의 순간에서 뭔가 깨달았다면 그 깨달음을 실천할 수 있는 자신만의 비법이 만들어지게 된다.

미국 독립의 일등공신이자 초대 대통령이었던 조지 워싱턴도 청년 장교 시절의 실패를 발판으로 후일의 큰 성공을 이끌어냈다. 그는 초급장교였던 시절, 상부의 명령으로 새내기 병사들을 데리고 프랑스 점령지역인

피츠버그까지 진격하게 되었다. 그곳에서 그는 자신들의 두 배가 넘는 프랑스 군인과 인디언들의 공격을 받게 된다. 결국 사상자보다 더 많은 수의 병사들이 도망 가는 어이없는 상황 앞에서 항복문서와 칼을 넘겨주는 굴욕적인 패배를 맛보게 된다.

적군의 절반도 채 되지 않는 병력, 게다가 모두 훈련조차 제대로 받지 못한 새내기 병사들을 데리고 치른 전쟁이었다. 어쩌면 그것은 예견된 패배였을 것이다. 그럼에도 그는 변명 대신 모든 책임을 자신에게로 돌렸다.

실패를 겸허히 받아들인 워싱턴은 지난 전투에서 자신을 패배로 몰아넣은 인디언의 게릴라 전략을 연구했다. 그는 이후로 독립전쟁을 치르는 동안 인디언의 게릴라 전략을 활용했다. 그리고 마침내 미국 독립을 쟁취하는 데 성공했다. 위기 혹은 고비는 인생의 실패로 들어서는 나락의 입구가 아니라 반성과 성찰을 통해 성공의 길로 들어서는 관문이다. 한 번의 위기가 왔으면 성공의 문을 열 수 있는 열쇠를 찾은 셈이다.

마음만으로
이룰 수 있는 것은 하나도 없다.

사람의 마음을
얻는 것도 간절한 마음 못지않게
그 진심을 전할
지속적인 행동이 필요하다.

# 05

# 행동하지 않으면
# 결코 얻을 수 없다

첫 번째 실패 후, 죽음의 벽을 느끼고 다시 마음을 다잡았다. 창업에 대한 두려움은 없었다. 아니 겁을 먹는다는 것 자체가 사치였다. 카드깡 이자도 내야 하고 형에게 빚도 갚아야 하는 등 책임져야 할 일이 너무나 많이 남아 있었다.

그래서 다시 새로운 창업에 도전했다. 그렇게 성공을 향한 사업에 몰두하던 시절의 어느 날이었다. 동네 청소년 오락실에 꼬마들이 북적대는 모습을 보게 되었다. 나는 코 묻은 돈으로 친구들과 어울려 오락을 즐기는 아이들의 모습에 흐뭇한 미소를 지었다.

"에고, 제일 좋을 때다."

얼핏 들여다본 오락실 안에는 자리가 부족할 정도로 아이들과 동네 청년들이 삼삼오오 모여 앉아 오락 삼매경에 빠져 있었다.

"뭐야? 오락실이 저렇게나 장사가 잘됐어?"

시골에서 어머니 농사를 거들며 어린 시절을 보낸 내게는 참으로 신선하고 놀라운 풍경이었다. 게다가 지금껏 경험해보지 못한 새로운 세상에서 생각지도 못한 방식으로 돈을 벌고 있는 사람들이 있었다.

나는 청소년 전자게임장의 사업성에 대해 좀 더 분석해볼 필요가 있음을 느끼고는 다음날에도 그곳을 찾았다. 여전히 꼬마 손님들로 붐볐다. 그들은 게임기를 옮겨 가며 적어도 수십 분씩 그곳에 머물렀다. 그 다음 날엔 아예 나도 손님이 되어 여러 게임기를 직접 체험도 해보았다. 그곳을 운영한다는 가정을 하고 수익성이나 운영의 효율성 등도 검사해 보았다.

내친김에 평소 알고 지내던 선배에게 도움을 청하기도 했다. 그 선배의 아는 사람이 청소년 전자게임장을 하고 있었다. 초기 투자비, 인건비, 유지비, 하루 매출, 순수익 등 여러 부분에서 정보를 얻어 사업성을 타진해 보았다. 그런데 그 선배의 이야기는 나로서는 충격이었다.

"투자비는 약 5,000만 원이 들어갔대. 그리고 일일 매출이 무려 100만 원이라는 거야."

난 그때부터 잠을 자지 못했다. 하루 매출 100만 원이다. 근데 인건비는 동전 교환해주는 아저씨만 해결하면 된다고 했다. 그렇다면 얼마 안 되는 인건비, 점포 임대료, 전기세 등을 제외하고 남은 돈이 모두 순수익이다. 초등학생도 쉽게 계산이 나올 만큼 대박 사업이었다. 5,000만 원을 투자해서 월 2,000만 원이 고스란히 남는 알짜배기 사업이라는 것을 알게 됐다. 단 1초도 망설일 이유가 없었다. 나는 당장 청계천으로 달려갔다.

그런데 첫 시작부터 난관에 부딪혔다.

나는 게임기 종류와 단가 등을 알아보러 청계천의 게임기 판매상들을 돌아보며 그곳의 투명하지 못한 거래 관행을 알게 되었다. 한두 평 남짓한 가게에 달랑 책상 하나만 두고 거래가 이루어졌다. 주문서도 기존에 내가 알던 것과는 비교가 안 될 정도로 두루뭉술하게 작성하여 어설프기 그지없었다. 게임기를 주문하고 입금하면 공장에서 직접 보내준다고는 하지만 열악한 환경과 어설픈 거래 방식에서 알 수 없는 위기감마저 느껴졌다.

"뭐야? 거래가 이런 방식이면 게임기가 고장이라도 나면 수리는 어디서 받지?"

게임기 기계 중에는 실제 자동차나 오토바이의 크기와 똑같은 시뮬레이션 기계가 있다. 무려 1,000만 원이나 했다. 이 정도 금액이면 당시 중형차 한 대 값과 크게 다르지 않았다. 나로서는 무척이나 부담되는 액수였다. 게다가 그렇게 큰돈이 오가기엔 유통방식이 너무나 불안해 보였다.

너무나 매력적인 사업 아이템이었기에 포기할 수는 없었다. 하지만 이 사업을 하려면 형제들에게 다시 또 돈을 빌려야만 했다. 괜히 들뜬 기분으로 큰소리치며 돈을 빌려달라고 하기보다 좀 더 정확한 시장조사를 하기로 하고 뛰어다녔다. 그러자 사업 실체가 점점 윤곽을 드러냈다. 창업비도 5,000만 원이 아니고 점포를 마련하는 비용까지 포함해서 1억 원 정도는 있어야만 했다. 그래서 고민 끝에 나는 일본으로 날아갔다. 게임기의 본고장이라 할 수 있는 일본에서 직접 게임기를 수입하는 방식을 알아보기 위해서였다.

"이런 곳이 오락실이라고?"

일본의 청소년 전자게임장에 들어선 나는 그만 눈이 휘둥그레지고 말았다. 고급 호텔을 연상시키는 세련된 실내장식과 청결한 매장관리는 물론이고 입구 전제를 투명한 유리로 하여 안이 훤히 들여다보이게 한 것이 우리나라의 폐쇄적인 오락실 문화와는 전혀 딴판이었다. 나는 일본의 게임기 산업이 발달한 이유가 여기에 있음을 확신했다. 쾌적하고 개방된 공간에서 게임을 즐기는 것은 시간이나 죽이는 한심한 행위가 아닌 또 다른 휴식을 의미했다.

나는 단순히 게임기를 구매하고자 갔던 일본에서 한 단계 더 업그레이드된 사업구상을 하게 된다. 일본의 선진화된 청소년 전자게임장 문화를 우리나라에 도입하는 것이다. 당시 내 머릿속에는 두 부류의 고객이 떠올랐다. 하나는 내 게임장을 찾는 꼬마 고객들이다. 또 하나는 나처럼 게임장을 창업하려는 창업자들이었다. 창업자들은 분명 나처럼 청계천의 어설픈 거래방식이 미덥지 않았을 것이다. 작은 부품 하나가 고장이 나도 게임기가 멈춰버리는 사고가 발생하니 게임기를 수리받는 것에 대해서도 불안을 느꼈을 것이다. 실제로 청계천의 한두 평 되는 가게들의 주인이 단기간에 계속 바뀌기도 했다. 그렇다면 그들은 좀 더 분명하고 투명한 거래와 확실한 A/S를 해줄 회사가 있다면 믿고 시작할 수 있을 것이다.

한국으로 돌아온 후에 여기저기서 돈을 마련하여 동두천에 청소년 전자게임장을 공개했다.

말로만 설득하는 것보단 실제로 모델을 보여주면서 창업자를 유치하는 것이 훨씬 더 효과적이라 생각했기 때문이다. 나는 일본에서 본 것을 참고하여 매장의 '공간 실내장식'에 특히 신경을 썼다. 천장과 바닥 자재의 고급화는 물론이고 시뮬레이션 게임의 특성을 살려 우주 공간의 분위기를 연출했다. 그뿐만 아니다. 기존의 어둡고 폐쇄적이던 동네 오락실의 느낌을 없애기 위해 벽 대신 전면 유리를 설치하여 개방형 문화공간으로 창조해냈다.

예상대로 기존 오락실과는 확연히 구분되는 선진화된 청소년 전자게임장의 쾌적하고 세련된 디자인과 한국에서는 쉽게 볼 수 없는 독특한 게임기 덕분에 매장에는 꼬마 손님들은 물론 20대 청년 고객들로 늘 북새통을 이뤘다.

나는 매장이 안정적으로 유지되는 것을 확인하고는 본격적인 게임장 프랜차이즈 사업에 돌입했다. 그날부터 프랜차이즈 사업에 대한 세부적인 정보들을 수집하러 다녔다. 프랜차이즈 사업가들을 찾아가 나의 솔직한 상황을 말하고 도움을 청하기도 했다. 가맹점주들을 직접 만나서 그들의 요구를 파악하기도 했다.

"프랜차이즈 사업에서 가장 중요한 것은 고객들, 즉 가맹점주가 될 분들과의 신뢰구축이에요."

감사하게도 그분들은 열의에 찬 청년에게 기대 이상의 호의를 베풀어주었다. 나 역시 그분들의 귀한 조언을 하나도 놓치지 않고 메모하며 마음 깊이 새겼다. 나는 오랜 발품 끝에 스스로 만족할 만큼의 사전조사가 완료

되자 주식회사 '한국 세가'의 법인을 설립하고 '화성침공'이라는 브랜드로 게임장 프랜차이즈사업에 본격적으로 뛰어들었다.

게임장 사업은 성공을 거두었다. 많은 아이가 그 게임장에서 공부 스트레스를 풀었다. 그리고 그 인연이 지금의 카페베네로 이어지고 있다. 얼마 전 카페베네 청년봉사단 4기 수련회가 인천 영종도에서 열렸다. 그때 나도 그 행사에 참석했다. 근데 그곳에서 화성침공 이야기를 들을 줄은 꿈에도 몰랐다. 춘천에서 참가한 김일연이라는 봉사단원과 일행들이 리더십에 관한 주제발표를 하다가 문득 화성침공 이야기를 꺼냈다.

"저희는 어릴 적에 대표님께서 운영하신 첫 번째 프랜차이즈인 화성침공 오락실의 단골이었어요. 터미널 근처에 화성침공이 있었는데 자주 이용하곤 했죠. 화면의 동작을 따라 춤추는 DDR은 당시 너무 재미있었습니다. 그런데 지금 화성침공 프랜차이즈 대표님을 뵈니 참 신기하네요."

그 순간 나는 이것도 인연인가 보다 하고 슬며시 미소를 지었다. 12년 전에 했던 게임장 고객들이 지금은 카페베네의 자랑 중 하나인 청년봉사단 단원들이 된 것이다. 이런 인연이 계속 이어질 수 있을 만큼 사업 성공을 할 수 있었던 것은 나름대로 성공 습관을 지녔던 덕분이었다.

난 즉흥적으로 시작했던 첫 사업이 망한 후로 무엇을 하든지 철저히 조사하고 분석하고 계획하는 습관이 형성되었다. 특히 게임장 사업을 시작으로 본격적인 프랜차이즈 사업가의 길로 뛰어들면서부터는 늘 두 가지 입장을 염두에 두고 일을 계획하고 진행한다. 첫 번째는 가맹점 대표들의 요구 충족과 성공이다. 두 번째는 최종 소비자의 만족감이다. 그래서 나는 더 많이 뛰고 더 많이 조사하고 더 많이 고민한다. 둘 중 하나라도 충족되지 않을 시 프랜차이즈 본사와 가맹점 대표는 동시에 무너지기 때문이다.

주 고객인 어린 학생들은 푼돈이긴 하지만 매장 안에서 소비하는 동안 최고의 대우를 받을 권리가 있다. 하지만 이전의 오락실은 그저 기계만 가져다 놓고 전기 코드만 꼽는 것으로 제 할 일을 다 한 것처럼 생각했다. 나는 스스로 고객의 입장이 되어 좀 더 쾌적한 곳에서 더 편안하게 게임을 즐길 수 있는 공간을 상상했고 실현해냈다.

창업자들은 또 어떤가. 정확한 기계의 이름조차 기재되지 않은 허술한 주문서, 실체를 확인할 수 없는 게임기, 고장이 나면 어디서 수리를 받아야 할지 모르는 불안한 유통구조에서는 제아무리 사업성이 뛰어나다 한들 창업을 결심하기란 쉬운 일이 아니다. 나는 창업자의 입장이 되어 그들의 불안한 마음을 먼저 읽었고 해결 방법을 찾기 위해 아는 사람 하나 없는 일본까지 날아갔다.

마음만으로 이룰 수 있는 것은 하나도 없다. 사람의 마음을 얻는 것도 간절한 마음 못지않게 그 진심을 전할 지속적인 행동이 필요하다. 일도 마찬가지다. 취업을 하든 창업을 하든 행동하지 않으면 결코 얻을 수 없다. 간절한 바람과 성취를 연결해주는 것은 다름 아닌, 바로 '행동'이다.

물 한 사발을 떠 와서
거실 바닥에 놓고
두 손 모아 수도 없이 절하며 빌었다.

'간절함'이야말로
성공을 꿈꾸는 사람들이
갖춰야 할 첫 번째 무기임을
난 확신한다.

# 간절함을
# 첫 번째 무기로 삼아라

우유 통에 빠진 개구리가 우유를 치즈로 만들어 그것을 딛고 통을 빠져 나오기까지는 수천 수만 번의 다리 젓기가 있어야 한다. 재미도 흥미도, 심지어 성취감마저도 없는 이 고달픈 동작을 반복하는 이유는 오로지 삶에 대한 간절함 때문이다.

지나온 내 삶을 되돌아보면 대부분 사람이 그러하듯 달콤함과 쌉쌀함이 반복되는 굴곡의 시간을 지나왔다. 쌉쌀함의 골에 빠졌을 때는 달콤함의 언덕으로 가기 위해 간절히 나아갔다. 마침내 달콤함의 언덕에 다다랐을 때는 쌉쌀함의 골에 빠지지 않도록 더더욱 나를 다잡았다. 그리고 그 간절함의 끝에서는 나도 모르게 신을 찾기도 했다. 첫 신문광고를 낼 때는 더욱 간절한 마음으로 신을 찾았다.

청소년 오락실 '화성침공'의 첫 신문 광고는 1997년 8월 5일 자 동아일 보였다. 처음에 대행사로부터 광고 소개를 완료했다는 이야기를 듣고 얼마나 기뻤는지 모른다. 비록 제대로 된 사업을 시작했다고 하지만 세상에 알려진 게 아니었다. 그런데 신문을 통해 버젓이 세상에 알려졌으니 이제야 세상에 태어나 처음 창업할 때의 벅찬 느낌이 무엇인지 알 수 있었다. 물론 이제 갓 시작한 셈이었지만, 내 몸속에 피가 솟구치듯 흥분됐고 심장이 터져 버릴 것 같은 느낌이었다. 장성 촌놈이, 그것도 스물아홉의 나이에 대한민국을 대표하는 일간지에 광고를 시작한다는 것 자체가 스스로 대견해 보였다. 하지만 터져버릴 것만 같은 심장만큼이나 긴장감도 갈수록 팽배해졌다.

광고가 나가는 전날 밤, 나는 큰 의식을 치르듯 비장한 마음과 자세로 거실 벽면을 주시했다. 거실 벽은 액자 하나 없이 깨끗한 벽면이었다. 그 앞에 선 나는 간절히 빌고 싶었다. 그래서 물 한 사발을 떠 와서 거실 바닥에 놓고 두 손 모아 수도 없이 절하며 빌었다.

"내일 광고가 나가면 최소한 스무 통 이상의 전화가 오게 해주세요."

"제발 절 조금만이라도 도와주세요."

"조금만 도와주시면 잘할 수 있어요."

누가 보면 미친 사람으로 보일 만큼 혼자서 중얼거리며 간절히 빌고 또 빌었다. 광고문구를 기획하고 디자인을 만들면서 조금씩 간절해지던 마음이 전날이 되자 걷잡을 수 없이 절박해진 것이다. 종교가 없는 나였지만 내가 할 수 있는 온 힘을 다했다고 생각되니 자연스레 신을 찾게 된 것이다. 드디어 광고 게재일 아침이 왔다. 나는 부리나케 일어나 밖을 내다봤다. 그러나 이내 미간이 찌푸려졌다.

"하필이면 왜 오늘 비가 오는 거야."

밤새 걱정을 하느라 잠 한숨 못 잔 나는 새벽에 비가 내리기 시작하자 마음이 쪼그라들었다. 당시 주택에 살던 나는 광고가 실린 신문이 비에 젖을 것이 염려되었다. 다행히 비는 출근시간 무렵에 보슬비로 바뀌어 있었다. 나는 평소보다 2시간이나 일찍 출근해서는 전화통만 노려보며 가슴을 졸였다. 바로 그때였다.

"따르릉!"

조용하던 사무실에 전화벨이 요란하게 울리기 시작했다. 마침내 첫 상담이 들어왔다. 첫 전화를 시작으로 밥 먹을 짬이 없을 정도로 전화통이 울려댔다. 그때마다 나는 행복한 비명을 지르며 온 힘을 다해 상담을 해주었다. 상담전화가 연이어 울려댔다. 나는 그 사업의 가능성을 느낄 수가 있었다. 사람들이 이 업종에 관심이 있다는 것을 확인하게 된 것이다.

"제발 계약이 성사되게 해주세요."

하루에 130여 통의 상담전화를 받느라 온몸이 녹초가 되었다. 집으로 돌아온 나는 다시 물을 떠놓고 계약이 성사되게 해달라고 간절히 빌었다. 다음날부터 나는 상담여직원에게 사무실을 부탁하고 전날 전화가 왔던 곳을 일일이 방문하며 구체적인 상담에 들어갔다. 혹시라도 즉석에서 계약이 성사될지도 몰라 가방 안에 계약서, 매장 팸플릿, 통장 계좌번호 등도 꼭 챙겨서 다녔다.

첫 상담고객을 직접 만나 사업에 대한 설명과 설득을 시작했다. 다행히도 어렸을 때부터 장사하며 사람을 설득하는 일을 많이 해보았던 덕분인지 순탄하게 협상을 이루어냈다. 특히 협상 과정에서 프랜차이즈 사업을 하는 분들에게서 받은 세세한 가르침을 기억하며 신뢰감을 심어주기 위해 노력했다. 그렇게 계속된 노력 끝에 마침내 첫 계약이 이루어졌고 청소년 전자게임장 '화성침공' 프랜차이즈 1호점이 탄생했다.

청소년 전자게임장 프랜차이즈 사업의 가능성이 확인되자 한 달 뒤 사무실을 서울 강남으로 옮기고 본격적인 가맹점 개설 준비 작업에 돌입했다. 상담직원들도 더 늘리고 가맹점 개설 현장에 투입될 각 분야의 전문가들도 영입했다.

화성침공이 번듯한 프랜차이즈 사업으로 자리를 잡기까지는 이후에도 여러 우여곡절이 있었다. 하지만 그것과는 별개로 1호점을 탄생시키기까지의 과정이 나에겐 간절함의 연속이었다. 그 간절함이 하늘에 전해진 덕분인지 결국엔 가맹점 200개 돌파라는 달콤함의 언덕에 이를 수 있었다. 목적지를 정하고 첫발을 떼어 안정적인 궤도에 진입하기까지는 누구든 그 마음의 간절함이 깊을 수밖에 없다.

특히 나처럼 아무것도 가진 것 없이, 기댈 곳 없이 시작하는 사람들은 자신의 의지와는 상관없이 어느 순간 신을 찾기도 한다. 사실 내가 신을 향해 간절하게 기도했던 순간이 비단 화성침공 프랜차이즈 사업을 시작하던 때만은 아니었다. 나는 카페베네를 창업하고 프랜차이즈 사업으로 안정시키기까지의 험난한 여정 속에서 신을 간절하게 찾았다. 이 '간절함'이야말로 성공을 꿈꾸는 사람들이 갖춰야 할 첫 번째 무기임을 난 확신한다.

위기는 언제든
누구에게든 찾아온다.

그리고 그 속에서
기회를 찾고
그것을 역으로 활용하는 힘 역시
우리 모두에게 내재되어 있다.

위기는 언제든
누구에게든 찾아온다.

그리고 그 속에서
기회를 찾고
그것을 역으로 활용하는 힘 역시
우리 모두에게 내재되어 있다.

# 07

# 스스로 돕는 자를
## 하늘도 돕는다

　'위기가 곧 기회'라는 상투적인 말에 냉소를 보내던 시절이 있었다. 위기를 맞은 사람의 절박함을 모르고 한 말이거나 그저 위로라도 해볼 요량으로 생겨난 말이라고 생각했다. 하지만 나 역시 위기를 피해 갈 수 없는 상황이 생기고 극복 과정에서 행운처럼 찾아오는 기회의 순간들을 보면서 '위기가 곧 기회'라는 말의 진리를 몸소 체험하게 되었다.

　청소년 전자게임장 프랜차이즈 사업인 화성침공의 첫 계약과 가맹점 개점이 너무 순탄해서일까. 나는 얼마 가지 않아 이 사업의 맹점을 접하게 되었다. 상담을 다니던 첫날, 계약은 2건이나 성사되었다. 그러나 실제 진행은 하나밖에 안 됐다. 계약자들이 청소년 전자게임장의 사업성을 보고 계약은 했지만, 실제 진행과정에서 가족이나 주위 사람들의 반대가 심했던 것이다. 당시만 해도 동네 오락실에 대한 이미지가 좋지 않았던 때라 계약자가 주변에서 이런저런 이야기를 들으면 마음이 변하는 경우가 많았다. 나는 그 경험을 통해 계약은 성사될지언정 진행 과정에서 크고 작은 변수들이 발생할 수 있음을 알게 되었다.

당시 나는 동두천에서 살았다. 그때 출퇴근을 강남으로 하면서 영동대교를 건너갈 때마다 한숨이 저절로 나왔다. 넓고 푸른 한강을 내려다보며 그저 서울을 오간다는 만족감 정도만 가져야 했다.

"휴, 왜 이렇게 힘드냐……."

나는 사무실에서 집까지 두 시간 남짓이나 걸리는 짧지 않은 통근 길 위에서 온갖 상념에 빠져들었다. 상담하고 계약을 체결하기까지의 과정도 힘들지만, 막상 계약되어도 그것이 실질적인 진행으로 가기까지에는 어쩔 수 없는 변수들이 존재했다. 게다가 어렵사리 매장을 개설해도 이후 관리 문제까지 고스란히 내 몫이었다. 장사가 조금만 안되어도 따지듯 전화가 걸려왔다. 또 기계가 들어왔는데 흠이 나 있으니 새 걸로 바꿔달라며 화를 내기도 했다. 심지어는 기계가 고장이 났는데 왜 고장이 나냐며 빨리 와서 수리하라고 닦달을 하기도 했다. 나는 그들의 불만과 요구가 너무나 당연함에도 그런 전화를 받을 때마다 힘이 빠졌다. 가맹점 고객 한 분 한 분과 나 사이의 신뢰관계를 만들어나가는 것이 참으로 어려운 일이라는 것을 뼈저리게 느꼈던 순간이다.

어쩌면 그분들로선 새파랗게 젊은 사람이 프랜차이즈 회사 대표라고 하니 미덥지 않은 부분도 컸을 것이다. 대부분 창업자가 자영업이나 조직 생활을 통해서 나보다 훨씬 더 많은 사회 경험과 비결을 갖추신 분들이었다. 그러다 보니 내가 많이 어설퍼 보였을 것이다. 실제로도 여러 연륜 있는 사업자들과 비교할 때 조금은 어설펐던 부분이 있기도 했다. 대신 나는 나의 부족함을 잘 알기에 더욱더 그분들을 만족시키기 위해 노력했다.

창업자들은 프랜차이즈 사업자나 본사의 지원 등이 자신들의 기대에 미치지 못한다고 판단하면 언제든 떠날 수 있다. 그러니 나로서는 그분들을 만족시키기 위한 노력 또한 절박한 과제일 수밖에 없었다. 게다가 새로 가맹점을 개설하려는 분들도 기존 매장을 둘러보며 상담을 하니 기존 가맹점주들의 만족도를 높여주는 것은 너무나 당연한 일이었다.

사실 그때나 지금이나 나는 프랜차이즈 본사와 가맹점이 서로 윈-윈의 구조로 유지될 수 있도록 끊임없이 조율하고 배려해왔다. 하지만 그 과정이 쉽지만은 않은 것이 사실이다. 더군다나 당시는 청소년 전자게임장에 대한 선입견 때문에 가맹점 개설 실적이 부진했으니 내 속이 편할 수가 없었다. 그나마 그런 힘든 과정에서도 버틸 수 있었던 것은 동두천에 공개했던 화성침공 직영점이 기대 이상의 좋은 실적을 유지해주고 있었던 덕분이다.

"엎친 데 덮친 격이군!"

그렇게 느리게라도 한 걸음 한 걸음 나아가고 있을 때 커다란 위기가 찾아왔다. 1997년 11월 IMF 외환위기는 나라 전체를 위기 상황에 빠뜨렸다. 나는 가뜩이나 부진한 사업이 더 힘들어질 것이 걱정되어 잠을 이룰 수가 없었다. 그도 그럴 것이 당시 잘 나가는 프랜차이즈 업종들의 대부분뿐만 아니라 대마불사라 여겨졌던 대기업도 그간의 쌓아온 성과들이 무색할 정도로 힘없이 무너지고 있었다. 회생의 기미도 전혀 보이지 않았다. 이런 상황에서 고작 게임장 프랜차이즈를 하는 내가 버틸 재간은 없다고 지레 겁을 먹고 있었다.

아니나 다를까. 국가적 경제 위기 상황 때문에 가계 수입이 줄자 사람들은 제일 먼저 지출을 줄이기 시작했다. 옷 사 입기를 자중하고 외식을 줄였다. 여행이나 레저 활동도 극감했다. 심지어는 생필품 소비에도 신중을 기했다. 상황이 이러하니 기존 프랜차이즈 업계의 상당수를 차지하던 의류업이나 외식업은 매출 감소에 따른 가맹점주의 피해는 물론 가맹점 계약 해지로 인한 프랜차이즈 본사의 피해도 속출했다.

이처럼 누구도 피해 갈 수 없었던 국가적 경제 위기 상황에서 기이한 현상이 벌어졌다. 내가 운영하던 청계천 매장은 물론이고 당시 화성침공 가맹점들의 매출이 이전과 비교할 때 별 차이가 없었던 것이다. 심지어는 매출이 상승세를 타는 매장도 생겨날 정도였다. 나는 이러한 이상 현상에 대해 나름의 분석을 해보았다. 짐작건대 그것은 우리나라 부모들의 자식사랑에 대한 마지막 보루였을 것이다.

수입이 줄어든 탓에 더는 좋은 옷, 좋은 음식은 못 주더라도 동전 하나로 얻을 수 있는 아이들의 소박한 기쁨만은 지켜주고 싶은 것이 부모의 마음이다. 나도 힘드니 너도 동전 하나라도 아껴라가 아닌, 나는 힘들더라도 너는 나가서 놀고 웃고 하면서 이 슬픔을 모른 채 살라는 마음이다. 아이들의 천진한 웃음이 결국엔 그 부모들을 다시 일어서게 할 힘이 될 것이다. 나는 이 현상에 대해 긍정적으로 받아들였다.

이러한 이상 현상을 유심히 지켜보던 사람은 나만이 아니었다. 다니던 회사의 구조조정 등으로 직장을 잃은 사람들, 타 업종의 프랜차이즈 사업을 하던 가맹점주들이 매출이 극감하자 청소년 전자게임장의 때아닌 호황을 눈여겨 지켜보고 있었던 것이다. 덕분에 화성침공 프랜차이즈 사업 문의가 늘었다. 계약이 체결되고 신규로 오픈하는 사업장도 속속 생겨났다. 특히 기존 타 업종의 가맹점주 중 화성침공 가맹점으로 전환하여 성공하는 사례가 늘자 그것이 모범이 되어 동종 업계에서 빠르게 업종전환이 이루어졌다.

물론 그렇다고 하여 모든 것을 행운에 맡겨둔 것만은 아니다. 나는 사회적 분위기가 나에게 이롭게 작용한다는 것을 파악하고는 그에 따른 물밑작업에 들어갔다. 그중 하나가 당시 도심의 메인 상품이었던 의류 프랜차이즈 업종들을 우리 사업으로 전환하기 위한 노력이다. 나는 갈수록 감소하는 그들의 매출을 지켜보다가 매장 하나를 선정하여 집중적으로 설득하기 시작했다. 같은 브랜드 점주들끼리의 모임이 조직적으로 형성되어 있기에 우선 매장 하나를 성공모델로 만들어둔다면 업종전환은 자연스럽게 이루어질 것이라 예상되었기 때문이다.

나는 화성침공 가맹점들의 매출 분석표 등의 자료들을 꼼꼼히 준비하고 현재 벌어지는 이 이상 현상의 근저에는 결코 무너질 수 없는 부모들의 자식사랑이 있음을 강조했다. 그분은 반신반의하면서도 현실을 타개할 별다른 대안이 없음을 인정하고는 업종전환을 결심하였다.

"업종을 전환하길 너무 잘한 것 같아요. 사실 요즘처럼 경제상황이 안 좋을 때 누가 옷을 사 입겠어요?"

"오락실이 그렇게 장사가 잘돼요?"

"기대 이상이에요!"

업종 전환 후 예상대로 기대 이상의 수입이 발생하자 그분은 무척이나 만족해했다. 이전의 의류 브랜드 점주들 모임에 참석해서는 자청해서 화성침공의 홍보대사 구실을 해주었다. 그 후 일련의 상황들은 내가 상상하고 바라던 대로 흘러갔다. 매출의 급격한 하락을 견디다 못한 의류 브랜드 점주들이 줄을 이어 화성침공 가맹점으로 전환하는 행복한 현상이 벌어진 것이다. 오죽하면 당시 해당 의류회사의 워크숍에서 다음과 같이 말할 정도였다.

"우리의 경쟁 상대는 경쟁 브랜드 의류업종이 아니다. 오락실이다."

사실 내가 청소년 전자게임장 프랜차이즈 사업을 계획할 때는 이런 기이한 현상까지 예측했던 것은 아니다. 하지만 나는 예상치 못한 국가적 경제 위기 상황에서 청소년 전자게임장이 호황을 누리는, 그야말로 '불행 속의 행운'이 왔을 때 재빨리 기회로 전환했다.

위기 속의 기회를 포착하고 그것을 내 것으로 만들었던 경험은 비단 화성침공 때만이 아니다. 커피 사업을 런칭하고 몇 달 되지 않았을 때 2008년 미국발 금융위기를 겪었다. 이처럼 누가 봐도 좋지 않은 상황이니 평소 나를 아끼던 지인들은 공격적인 마케팅 전략에 대해 염려의 기색을 감추지 못했다. 특히 밑바닥에서부터 시작한 나의 험난한 여정을 아는 한 친구는 마치 자신의 일인 것처럼 염려했다. 그럼에도 나는 멈추지 않았다. 그 친구의 염려를 백분 이해하면서도 어쩐 이유에선지 멈출 수가 없었다. 아마도 그것이 나를 진정한 사업가로 변신시킬 기회인 줄 본능에 따라 알았던 모양이다.

다른 사람에게 나쁜 것이 꼭 나에게도 나쁘게 작용하란 법은 없다. 나는 이미 IMF 경제위기를 통해 그것을 몸소 깨달았다. 다시 내게 그런 행운이 오리란 기대는 하지 않았다. 하지만 꼭 그러지 않으리란 절망 또한 하지 않았다. 나는 늘 그랬듯 덤덤히 나의 판단을 따랐다. 그 결과는 나의 예상을 뛰어넘는 큰 성과를 안겨주어 카페베네의 입지를 더욱 굳건히 해주었다.

2009년이 되어 카페베네가 본격적인 텔레비전 광고를 준비하던 시점, 국가적인 경제위기는 또다시 호기로 작용해 주었다. 지금도 그렇지만 그때도 9시 뉴스가 나가기 직전 광고 시간대는 그야말로 황금 시간대였다. 그런데 당시 회사들이 경기가 나빠지자 황금 시간대 광고를 철수하는 일이 많아졌다. 방송국은 한 번의 광고료로 서비스 한 번을 더해주는 일명 원 플러스 원 전략을 구사했다. 당시 공격적인 광고 전략을 펼쳤던 카페베네에 더 없는 호기였다.

내로라하는 대기업들도 광고를 줄이는 상황에서 작은 커피 프랜차이즈 회사가 텔레비전 광고의 황금 시간대를 파고들어 공격적인 마케팅을 하는 것에 대해서 일부에서는 염려의 목소리가 높았다. 하지만 얼마 지나지 않아 이것이 얼마나 시의적절한 전략이었는지 모두가 알게 되었다.

위기는 언제든 누구에게든 찾아온다. 그리고 그 속에서 기회를 찾고 그것을 역으로 활용하는 힘 역시 우리 모두에게 있다. 하지만 위기에 직면했을 때 포기하는 사람은 무조건 실패한다. 그러나 이겨내는 사람은 반드시 성공한다.

나는 쉼도 없이
내달렸던 그 시간이
에너지가 되어 앞으로 최소한 20년은
더 청춘으로
살아갈 수 있을 것이다.

# 08

# 사업에서 영원한
# 성공이란 없다

나의 청춘은 참으로 변화무쌍했다. 특히 성공을 향해 내달리는 나의 발걸음은 숨이 턱까지 차오를 정도로 날쌨다. 그 길 위에서 만난 갈림길에서의 선택 또한 머뭇거림이 없었다. 나는 그것이 청춘의 특권이라 믿으며 즐겁게 그 길을 내달렸다. 돌이켜 생각하면 수많은 선택, 도전, 변화 앞에서 망설임 없이 나아갈 수 있었던 그때가 마냥 대견하기만 하다. 나는 쉼 없이 내달렸던 그 시간이 에너지가 되어 앞으로 최소한 20년은 더 청춘으로 살아갈 수 있을 것이다.

두 번째 아이템을 고민하던 중 내 눈에 들어온 것은 외식업이었다. 외식업은 매장개설 수익뿐만 아니라 개설 이후에도 지속적으로 식자재가 공급되니 장사만 잘된다면 그야말로 제대로 된 원-윈 구조가 만들어질 것이라 예상되었다. 그리고 무엇보다도 본사와 가맹점이 끊임없이 소통하며 함께 앞으로 나아갈 수 있는 역동적인 구조가 가능하다는 것이 마음에 들었다. 그래서 수많은 외식 아이템 중에서 무엇을 선택할 것인지 고민하던 중 좋은 아이템을 발견하게 되었다.

"사장님, 역삼동 우리 매장 근처에 삼겹살 식당이 새로 생겼는데, 맛도 좋고 분위기도 괜찮아요."

함께 일하던 직원의 권유로 찾았던 그곳은 기대 이상이었다. 삼겹살을 비롯한 음식들의 맛도 만족스러웠다. 무엇보다도 실내장식이 기존의 삼겹살 식당들과는 사뭇 달랐다. 조금만 손보면 젊은 세대들이 원하는 깔끔하고 세련된 공간으로 변신시킬 수 있을 것 같았다. 게다가 삼겹살은 누구나 좋아하는 '국민 메뉴'라서 수요층이 두텁다는 점도 마음에 들었다.

당시 그 삼겹살집은 역삼동 매장 외에도 몇 개의 매장을 더 운영하고 있었다. 나는 차례로 그 매장들을 돌며 사업 가능성을 타진해보았다. 세심한 관찰 끝에 내린 결론은 "우리가 그것을 인수하자!"였다. 당시 그 삼겹살 식당은 몇 개의 프랜차이즈 가맹점을 두고 있었는데 매출이 신통치가 않았다. 하지만 아무것도 없던 데서 200개가 넘는 가맹점을 모집한 화성침공의 저력을 삼겹살 사업에도 발휘한다면 분명 잘해낼 수 있을 것이라 믿으며 '왕삼겹닷컴'의 인수를 진행했다.

'왕삼겹닷컴'의 인수는 순조롭게 이루어졌다. 나는 기존 가맹점들의 개선 작업과 동시에 신문에 광고를 내 가맹점을 모집하기 시작했다. 그런데 당시만 해도 대부분의 삼겹살 식당들이 동네 식육점에서 고기를 떼 와서 장사하던 구조였다. 사람들에게 삼겹살 프랜차이즈 가맹점은 낯설게만

들렸다.

"왜 삼겹살을 가지고 가맹점을 해요? 그냥 동네 식육점에서 떼다 팔면 되는데?"

"당신네 회사는 도대체 어떤 비결을 가지고 있기에 가맹점을 모집한다는 거요?"

삼겹살 프랜차이즈 사업에 분명 어느 정도의 관심을 두고 문의 전화를 했음에도 사람들은 여전히 의아함을 떨치지 못했다. 그분들의 마음을 백분 이해했기에 나와 직원들은 최대한 친절하고 자세하게 설명했다. 그 덕분인지 가맹점이 하나둘 늘기 시작했다.

프랜차이즈 본사와 가맹점들의 윈-윈 구조가 형성되기 위해서는 홍보와 광고도 아주 중요한 요소이다. 당시가 한창 벤처 열풍이 불었던 때라 삼겹살 식당 이름에 '닷컴'을 붙이니 신문 1면에도 소개되는 행운이 따랐다. 그 덕분에 가맹점이 급속도로 확대되기 시작했다. 가맹점 문의 이후에 직접 매장을 방문한 예비창업자들은 기존의 삼겹살 식당과는 달리 단순하고 세련된 매장 분위기에 고개를 끄덕였다. 그릴에 회전식으로 구워 기름기를 제거한 차별화된 고기 맛에도 아주 흡족해했다.

그렇게 2년 가까운 시간이 흐르는 동안 가맹점은 다시 250여 개로 늘었다. 나는 외식사업에 자신이 붙었다. 그래서 철저한 준비과정을 통해 2002년 2월에 다시 추풍령감자탕 1호점을 개설하게 된다. 당시 삼겹살 식당들은 30~40평대의 매장이 대부분인 데 비해 감자탕집을 100평 정도의 큰 규모로 운영하면 더 많은 수익을 창출할 수 있을 것 같았다. 게다가 당시 감자탕집들이 대부분 부부가 생계형으로 24시간 운영하던 곳이 많았다. 그런데 메뉴가 감자탕과 뼈 해장국 말고는 별다른 것이 없었다. 나는 메뉴를 좀 더 다양화시킨다면 더 많은 손님이 올 것이라 확신했다. 즉시 전문팀을 꾸려 카레 감자탕, 스태미나 감자탕, 김치 감자탕 등의 새로운 메뉴 개발에 들어갔다.

메뉴를 다양화하는 것에는 성공했다. 하지만 대표 메뉴가 필요했다. 나는 개발팀과 함께 메뉴에 대한 여러 아이디어를 나누고 직접 만들어 맛을 보다가 문득 감자탕에 묵은지를 넣으면 좋겠다는 생각이 들었다. 그냥 김치를 넣는 것보다 훨씬 더 깊은 맛을 낼 수 있을 것 같았다.

사업 성공을 이끌 아이디어를 떠올렸지만 문제가 생겼다. 묵은지는 일반 겉절이 김치나 총각김치처럼 바로 만들 수 있는 게 아니었다. 보통은 초겨울 김장철에 담아 항아리에 묻고 이듬해 여름에 꺼내서 먹는 게 묵은지이다. 묵은지김치찜, 묵은지감자탕, 묵은지삼겹살의 메뉴로 프랜차이즈 사업을 하기 위해선 대량의 묵은지가 필요한데 당장 준비가 되지 않았다.

묵은지는 차별화된 새로운 감자탕의 핵심 아이템이었다. 그런데 이 묵은지를 마련하는 게 쉽지 않다고 하니 골머리가 아플 수밖에 없었다. 나는 묵은지를 구하는 문제를 해결하려고 사방팔방으로 수소문했다.

의정부농협에 다니던 친구 김석으로부터 전화가 왔다. 해남농협에 묵은지가 대량으로 있다는 것이다. 나중에 알고 보니 그전 해에 배추 파동이 발생해서 배추농사를 짓는 농부들이 원가가 맞지 않다는 이유로 밭을 갈아엎고 배추를 버리는 등 문제가 심각해 당시 농협을 비롯해 일반 김치공장에서는 배추를 버리기엔 너무 아까우니 그냥 김치를 담아 냉장 저온창고에 저장해 놓았다는 것이다. 하지만 이 김치들은 6개월만 지나면 바로 최고의 묵은지 상품이 되는 것이다.

나는 이 사실을 확인하자마자 당시 물류센터의 책임자였던 한정안 전무에게 전국의 모든 김치공장 주소록을 파악하라고 일러뒀다. 한 전무가 파악한 주소록으로는 중소형 김치공장까지 합쳐서 전국에 대략 200개 정도의 김치공장들이 있다는 것을 확인할 수 있었다. 우리는 확보한 주소록을 가지고 한 곳씩 전화를 했다.

"김치공장이죠? 묵은지를 사고 싶은데 재고가 있나요?"

묵은지를 사겠다는 전화를 받은 당시 김치공장들은 이게 웬 횡재냐 싶었을 것이다. 가뜩이나 처분하지도 못하고 저온창고에 보관하면서 전기세나 축내는 애물단지였던 묵은지를 사간다니 신바람이 날 수밖에 없었던 것이다. 게다가 그때만 해도 묵은지는 판로가 없어서 3년 이상 숙성된 묵은지도 여기저기서 대량으로 나왔다. 6개월 이상 숙성된 묵은지를 찾던 우리로서도 횡재였던 셈이다.

한 전무는 전국 곳곳에 있는 김치공장들을 돌면서 묵은지를 전량 매입했다. 전화로만 들었던 각 공장의 묵은지를 다 모아보니 엄청난 양이었다. 당연히 김치대금만 30억 원이 넘는 큰 거래였다. 하지만 나는 주저하지 않았다. 묵은지 감자탕에 대한 확신이 있었기에 전국에 있는 묵은지들을 사들였다. 안정적인 묵은지 확보를 위해 남양주에 있는 〈봉우리김치〉와 생산계약을 맺었다. 이 회사는 항아리 500개를 묻어놓고 묵은지를 만드는 묵은지 전문 업체였다. 계약을 마친 나는 남양주 산에 묻힌 항아리가 눈에 들어왔다. 특히 겨울에 눈 덮인 항아리 뚜껑을 보고 있으니 광고와 관련해서 한 가지 아이디어가 떠올랐다. 하얀 눈이 모자처럼 덮고 있는 항아리 뚜껑을 촬영하여 묵은지 광고 사진으로 활용했다. 광고가 나가자 대박이었다.

"묵은지가 뭐예요?"

그때 당시 묵은지는 조금 생소한 단어였다. 사업 초창기 때만 해도 창업 문의를 하는 사람들이 처음 하는 질문일 만큼 인지도가 약했던 게 사실이었다. 그러나 광고를 본격적으로 하자 묵은지는 어느덧 사람들이 좋아하는 아이템으로 바뀌었다. 2008년까지 400여 개가 넘는 묵은지 감자탕 집을 개점할 만큼 성활을 이뤘다. 나는 묵은지의 성공 덕분에 카페베네를 시작할 수 있는 종잣돈을 마련할 수 있었던 것이다.

2005년에 시작한 묵은지가 대박을 치자 대한민국 외식시장이 요동을 쳤다. 모든 한식 식당에 묵은지 메뉴가 등장하고 거의 모든 삼겹살집에도 숙성묵은지와 중국산묵은지 등이 테이블 위에 등장했다. 그뿐만 아니다. 묵은지 김치냉장고까지 탄생할 정도로 묵은지 전생시대가 열린 것이다.

나는 게임장 프랜차이즈 사업을 시작한 뒤로 10년 동안에 3개의 브랜드를 연달아 성공시켰다. 그 덕분에 스스로 감당하기 어려운 칭찬도 받았다. '가장 주목할 만한 30대 CEO' '외식업계의 미다스 손' '가장 잘 나가는 프랜차이즈 브랜드' 등 화려한 수식어를 시작으로 언론을 비롯한 각종 단체에서 나를 주목하기 시작했다.

그러나 묵은지 전성시대를 열었던 추풍령 묵은지는 오히려 예기치 못한 어려움에 맞딱 뜨렸다. 중국산 묵은지까지 등장할 정도로 거대한 묵은지 바람에 3년도 되지 않아 순식간에 그 경쟁력을 잃어버린 것이다. 외식업을 하면서 온몸으로 외식업의 어려움을 접하는 순간이기도 했다.

나는 다시 한 번 겸손함을 깨달아야만 했다. 사업에서 영원한 성공이란 없다는 것을 새삼 느낀 것이다. 승승장구하다가도 이처럼 뜻하지 않게 나락의 길을 가야만 할 때도 있다. 살아 있는 유기체처럼 비즈니스의 세계에서는 매번 수많은 변화가 일어난다. 그리고 치열한 경쟁과 성패의 순간이 엇갈린다. 이런 경험은 또다시 새로운 프랜차이즈를 시작할 때 위기에 대한 면역력을 키워주는 소중한 자양분이 되었다.

# 2장

# 성공을 위한
# 비밀 병기 만들기

누구나 살다 보면 위기를 겪게 된다.
그리고 그 위기를 헤쳐 나가기 위한 선택 상황에도 놓일 수 있다.
그럴 때 대부분 사람은 최대한
자신을 덜 상처 내는 방향으로 핸들을 꺾는다.

마치 우리가 자전거를 처음 배울 때
넘어질 위기가 감지되면 본능적으로 넘어지는
반대방향으로 핸들을 꺾는 것과도 같다.

어쩌면 진정으로 우리를 보호하는 것은
위기와 정면으로 부딪치며
당당하게 헤쳐 나가는 것일지도 모른다.

인풋과 아웃풋의 관계가
명확한 것을 좋아한다.

나는 노력, 열정, 시간, 자본 등
인풋을 결정하는
여러 요소가 증가할수록
아웃풋도 증가해야 한다고 믿는다.

반대로 인풋이 없는
아웃풋을 기대해서도 안 된다.

# 인풋 없이 아웃풋을
## 기대해서는 안 된다

나는 20년 가까이 사업가의 길을 걸어오면서 두 번의 큰 실패를 맛보았다. 실패와 성공을 수없이 반복하며 더 높은 성공의 경지에 오르게 된 다른 기업가들에 비하면 너무나 운이 좋은 셈이다. 하지만 실패 횟수가 적다고 해서 결코 덜 아팠던 것은 아니다. 한 번을 맞더라도 제대로 맞으면 여러 번 맞는 것 못지않게 아프지 않던가.

나의 첫 번째 실패는 앞서도 밝혔듯 고향 선배와 동업으로 차린 호프레스토랑이었다. 짧지 않은 좌절과 방황의 시간을 보내야 했다. 하지만 나는 그때의 실패를 통해 마인드를 바꾸는 성과를 얻었다. 10대 때 느꼈던 막연한 자신감, '나로부터 모든 것이 시작될 수 있다.' '나는 뭐든 할 수 있다.'는 자신감을 되찾음으로써 움츠려 있던 나 자신과 다시 만나게 되었다. 너무 성급했을까. 샴페인을 너무 일찍 터트려버린 것일까.

30대 초반에 찾아왔던 내 인생의 두 번째 실패는 이전보다 훨씬 더 비참했고 더 아팠다. 그래서 더 큰 의미를 내게 안겨주었다. 주식투자에 손을 댔다가 그야말로 쫄딱 망한 것이다. 나는 '화성침공'과 '왕삼겹닷컴'의 연이은 성공으로 남들이 부러워하는 청년 프랜차이즈 사업가가 되었다. 덕분에 그 나이에 쥐기 어려운 큰돈도 벌게 되었다. 그런데 어쩐 일인지 내 안엔 여전히 돈에 대한 굶주림이 자리 잡고 있었다.

타고난 가난에 대한 콤플렉스였을 수도, 결핍을 채우고자 하는 본능적인 욕구였을 수도 있다. 그게 뭐였든 돈을 향한 무모한 질주는 결국 아름다운 크리스마스이브에 빈털터리가 되는 서러움을 맛보게 해주었다. 나의 첫 사업이었던 호프레스토랑이 망하고 나니 주위에선 이런 이야기를 많이 했다.

"네가 무슨 사업이냐, 그냥 취직이나 해라."

나 역시 그게 가장 쉬운 길이란 것을 알고 있었다. 게다가 나 정도의 열정이면 어느 회사에 가더라도 그냥 주어진 일만 하지는 않았을 것이다. 뭔가 새로운 것을 도모하고 기획하면서 크고 작은 변화를 주도하게 될 것이라는 자신감과 확신도 있다. 하지만 나는 기왕이면 내 사업을 구상하고 성공하고 싶었다.

"젊은 사람이 정말 대단한데?" "김 사장, 자수성가했다면서?"

'왕삼겹닷컴'의 가맹점이 빠른 속도로 증가하자 주위에선 부러움을 감추지 못했다. 특히 아직 30대 초반의 젊은 청년, 그것도 거의 밑바닥에서부터 자수성가한 사람이란 것이 부러움을 증폭시키기에 충분했다. 하지만 이런 주위의 분위기에 휩쓸려 우쭐한 기분을 느끼는 것도 잠시뿐이었다.

나는 찬찬히 내 주위를 둘러보았고 내가 얼마나 작은 사람인지 곧 깨닫게 되었다. 나와는 애초에 출발점부터가 다른 사람들, 그 덕분에 그들은 이미 나보다 훨씬 더 높은 곳에 가 있었다. 나와는 비교도 안 될 정도의 부를 쥐고 있었다. 내가 가진 돈은 돈도 아니었으며 내가 이룬 성공은 성공도 아니었다.

"재산의 수준을 높이기보다는 욕망의 수준을 낮추도록 애쓰는 편이 오히려 낫다."

그때 이 내가 아리스토넬레스의 말을 기억했더라면 얼마나 좋았을까. 돈이 곧 성공이라 믿었던 철없던 나이였기에 더 돈에 집착했다. 욕망의 키재기를 시작한 이후 내 눈에는 성공한 사람들만 보이기 시작했다. 그럴수록 나는 점점 더 작아져만 갔다. 부모한테 땅을 몇십만 평 물려받은 땅 부자들을 보면 내 것을 다 팔아도 그가 가진 것의 10분의 1도 안 된다는 사실에 좌절했다. 부모의 건물을 물려받아 임대수익만으로도 호의호식하는 사람들을 보면 제대로 된 취미도 하나 없이 일에 파묻혀 사는 내가 그렇게 한심할 수가 없었다.

"그래! 더 늦기 전에 승부를 걸자!"

나는 짧은 시간 안에 더 큰돈을 벌고 싶다는 욕망으로 덜컥 주식투자에 뛰어들었다. 그때 나는 역삼동 프랜차이즈 본사 사무소에서 한 블록 떨어진 곳에 있는 오피스텔에 20평 남짓한 사무실을 빌리고 투자 업무를 보조할 직원까지 채용했다. 큰 책상 위에 컴퓨터 3대, 모니터 3대를 갖다 놓았다. 한쪽 벽면에는 주식시장의 전광판 느낌을 연출하기 위해 TV 2대를 설치했다. 그리고 한국경제 TV와 MBN-TV 채널을 매시간 모니터링을 하며 증권전문가들의 고급정보를 수집했다. 투자전문회사의 사무실이 부럽지 않을 정도였다. 이런 사무실에 혼자 있을 때는 슬며시 상상의 나래를 펼치며 흐뭇해졌다.

"난 50대가 되면 대한민국에서 열 손가락 안에 들어가는 캐시 왕이 되어 있을 거야."

상상은 확신으로 바뀌었다. 그리고 그 확신을 위해 점점 더 주식투자에 깊이 빠져들었다. 주식시장이 아침 9시에 시작해서 오후 3시에 끝나면 잠깐 휴식을 취했다가 밤이 되면 다시 컴퓨터 모니터와 텔레비전을 보며 뉴욕의 주식시장이 열리기를 기다렸다. 온종일 주식에 빠져 살았던 것이다.

이런 내 사정을 아는 사람 중에서 몇몇 분은 잘 알지 못하는 주식을 왜 하느냐고 타박 어린 충고를 했다. 그러나 비록 내가 잘 알지 못하는 분야였지만, 다른 사람들도 다 하는데 나라고 왜 못할까 오기도 발동했다. 또 여러 사람의 이해관계가 얽힌 프랜차이즈 사업과 비교할 때 주식투자는 조용히 혼자서 돈을 벌 수 있으니 마음도 훨씬 가벼울 것 같았다. 하지만 근거 없는 낙관은 불행을 부르는 법이다.

"뭐야? 이건 아니지! 말도 안 돼!"

돈을 벌었다가 잃기도 하는 것이 주식이라고 한다. 하지만 나는 순식간에 내 돈이 줄어드는 것에 대해 이해할 수가 없었다. 심지어는 내 돈을 강탈당한 듯한 분한 느낌마저 들었다. 잃은 돈이 아깝고 억울해서라도 주식을 그만둘 수가 없었다. 나름 공부도 하고 분석도 했다. 하지만 내 예상이 적중하는 경우는 별로 없었다.

무모한 투자가 계속될수록 주식은 과학적이고 이성적인 접근이 불가능하다는 것을 깨닫게 되었다. 나는 무조건 기도하기 시작했다. 내가 목표했던 금액만큼 수익이 발생하길 비는 것이다. 그런데 그 기도가 얼마나 간절했던지 어느 순간 나는 정신이 번쩍 들고 말았다.

"도대체 지금 내가 뭘 하고 있는 거야!"

2001년 12월 크리스마스이브에 빈털터리가 되어 있었다. 그때 당시 거리는 곳곳에서 흘러나오는 캐럴과 화려한 조명으로 연말 분위기를 한껏 고조되고 있었다. 팔짱을 낀 연인들과 행복해 보이는 가족들이 거리를 누비고 있었다. 하지만 내 눈에는 하염없이 눈물이 흘러내렸다. 프랜차이즈 사업을 시작한 지 5년째, 외식업을 시작한 지 2년째에 잔액이 바닥 난 통장을 내려다보며 어리석었던 지난 시간에 대한 뼈저린 반성과 후회의 눈물을 흘려야 했다.

사실 나는 주식투자에 처음 발을 들이면서부터 그것이 나의 평소 성향과 전혀 맞지 않다는 것을 알고 있었다. 나는 인풋과 아웃풋의 관계가 명확한 것을 좋아한다. 나는 노력, 열정, 시간, 자본 등 인풋을 결정하는 여러 요소가 증가할수록 아웃풋도 증가해야 한다고 믿는다. 반대로 인풋이 없는 아웃풋을 기대해서도 안 된다. 물론 외부적인 요인들이 변수로 작용할 수도 있다. 하지만 이 역시 내가 이해하고 받아들일 수 있는 것이라면 그 결과에 수긍한다.

심지어 사업을 진행하는 과정에서 나의 실수로 큰 손실이 발생할지라도 그마저도 담담하게 받아들인다. 다음에 그러지 않으면 되는 것이기에 대범하게 정리하고 앞으로 나아가는 것이다. 그런데 주식투자는 그런 공식이 전혀 적용되지 않았다. 물론 내가 전문가들처럼 철저히 분석할 능력과 시간이 없었던 탓도 클 것이다. 하지만 아무리 노력한다고 해도 어쩔 수 없는 외부 변수들에 의해 순식간에 상황이 변해버리기도 하니 그저 황당하기만 했다. 그 황당함에 억울해하고 분노하며 점점 더 피폐해져 갔다.

어느 날 갑자기 나는 멈춰야 한다는 것을 깨닫게 되었다. 미련과 욕심에 이끌려 더 나아가다가는 나뿐만 아니라 나를 믿고 있던 많은 사람이 다칠 수 있다는 것을 알게 된 것이다. 겉보기엔 가맹점 300여 개를 자랑하는 건실한 기업이었지만 자본금은 바닥을 치고 있었다. 그대로 나간다면 얼마 가지 않아 거래처 물품 대금도 지급하지 못할 상황이었다. 외식사업은 재료공급이 원활하지 않으면 본사와 가맹점 모두가 함께 침몰하게 된다. 나의 어리석은 판단 때문에 누군가의 사업과 가정이 위기를 겪을지도 모르는 일이 발생한 것이다.

"도대체 그들이 무슨 죄가 있다고!"

나는 지난 나의 행동이 엄청난 결과를 유발할 수 있음을 인지했다. 그들은 열심히 제품을 만들어서 우리 회사에 납품한 것뿐이다. 그런데 나의 잘못된 행동 때문에 그들은 느닷없이 벼락을 맞는 상황이 발생한 것이다.

집으로 돌아오는 40여 분 동안 눈앞이 보이지 않을 정도로 눈물이 흘러내렸다. 평생토록 이렇게 많이 울어본 적이 있던가? 그때 당시 라디오에서는 크리스마스이브 날 서울에 눈이 내리면 어느 통신 회사에서 상품을 준다는 이벤트를 소개하면서 지금 서울에 눈이 내리는데 그 기준은 몇 센티냐는 퀴즈를 내고 있었다.

라디오 DJ는 퀴즈를 내며 들뜬 목소리로 화이트 크리스마스를 외치고 있었다. 차를 몰고 집으로 돌아가는데 창밖은 함박눈이 펑펑 쏟아지고 있었다. 함박눈은 아주 아름다웠다. 하지만 그 명징한 아름다움만큼이나 내 가슴의 통증과 슬픔은 또렷하게 느껴졌고 더 커져만 갔다.

1년 중 가장 행복해야 할 크리스마스이브를 후회와 반성으로 눈물 흘리며 보내게 될 줄이야! 내 잘못 때문에 그간 쌓아왔던 것이 모두 무너졌다. 첫 사업이 망하고 빚만 남아 있던 그때로 다시 돌아가는 것이다. 관에 누운 듯한 착각이 들 정도로 절망스러웠던 그때로 다시 돌아갈 것을 생각하니 하염없이 눈물만 나왔다.

사실 그날 나는 회사 임원 몇 분에게 현 상황에 대해 솔직히 고백한 뒤 조언을 구했다. 그분들은 오래전부터 함께 일했던 분들이라 나의 잘못과는 별개로 나를 아끼는 마음이 컸다.

"도망가세요. 어디 몇 달 숨어 계시면 상황이 누그러질 거예요."

예상은 했지만, 막상 도망가라는 말을 들으니 눈앞이 캄캄해져 왔다. 이 상황이 외부로 알려지면 곧 여러 거래처에서 대금 결제를 요구하며 몰려올 테니 일단은 그런 난감한 상황을 피하고 보자는 의미였다.

나는 집으로 돌아와 거실에서 밤이 새도록 멍하니 벽면을 바라봤다. 그러다가 동틀 무렵이면 아이들 방에 들어가서 새우잠을 자는 애들을 보며 슬픔이 솟구치는 감정을 주체하지 못했다.

"저 아이들이 무슨 잘못이 있을까. 아버지 잘못 만난 것밖에 없지. 이제 아버지는 망했단다. 아들아, 미안하다 아들아."

새우잠을 자는 큰아이를 뒤에서 꼭 안아주며 이런 생각을 하니 어느덧 눈시울은 뜨거워졌고 침대는 점점 눈물로 젖어갔다. 그렇게 1시간 정도 후회의 눈물을 흘리다가 다시 10년 전의 그날처럼 종이를 꺼내 들었다. 벼랑 끝에 선 사람의 절박함으로 지난 시간의 반성과 함께 앞으로 벌어질 일들을 세세하게 적어나갔다. 그리고 그 과정에서 나 자신에게 냉정하게 질문을 던졌다.

"너 김선권! 앞으로 사업 안 할 거냐?"

몇 번을 물어도 내 대답은 하나였다. 절대로 사업을 포기할 수 없었다.

"너 지금 무책임하게 숨어버리면 나중에 창피해서라도 다시 사업할 수 있겠어?"

질문이 이어질수록 답은 점점 또렷해졌다. 절대 현실을 피해서는 안 된다. 힘들고 면목이 없다고 해서 도망쳐버린다면 그대로 매장당하고 만다. 운이 좋아 이 위기를 넘긴다고 해도 비겁했던 내 선택을 결코 감추지 못한다. 내가 그런 비겁한 과정을 거쳐 성공한다 한들 그 성공의 명분이 있을까? 또 나와 함께 일하는 직원들에게 과연 뭐라고 얘기할 수 있을까? 위기가 오면 내 것부터 챙겨라? 나는 질문이 이어질수록 더욱 세차게 도리질을 했다. 결코 있을 수 없는 일이었다.

"그래, 정면 돌파다!"

나는 비겁하게 숨는 대신 정면 돌파를 선택했다. 힘들고 험해도 그 길을 통과한 후에라야 비로소 당당해질 수 있다는 것을 깨달았기 때문이다. 비겁한 리더를 존경하고 따를 구성원은 없다. 굳이 나의 잘못 때문이 아니더라도 사업을 하다 보면 어려움은 늘 따르는 것이다. 항상 그런 전환점들은 생길 수밖에 없다.

그때마다 내가 위기상황이니 일단은 숨고 보자고 한다면 함께 일하는 직원들이 과연 나를 믿어줄까? 절대 아니다. 그들은 나를 더는 신뢰하지 않을 것이다. 리더를 신뢰하지 않는 구성원들이 과연 그 조직과 회사를 위해 열심히 일할 수 있을까? 이런 질문들의 끝에 그건 있을 수 없는 일이라는 결론을 내렸다. 내가 사업을 그만둘 것이 아니라면, 적어도 내가 앞으로 사업하는 이상은 그런 일은 절대 있을 수 없다고 최종적으로 못을 박았다.

나는 크리스마스가 지난 뒤 회사에 출근해 직원들 앞에서 의사를 분명하게 밝혔다. 그리고는 모든 거래처 사장님들을 회사로 모셔서 현재 상황에 대해 솔직하게 고백했다.

"믿고 거래해 주셨는데 정말 죄송합니다. 염려가 크시겠지만 여러분에게 지급해야 할 대금들은 반드시 지급할 것입니다. 제게 조금만 시간을 주십시오."

그간 거래를 하며 쌓아온 신뢰와 진솔한 사과 덕분인지 다행히 모든 거래처 사장님들이 시간을 주었다. 나는 짧게는 6개월, 길게는 1년까지 기다려주신 그분들의 이해와 배려 덕분에 다시 사업에 전념하는 힘을 얻었다.

위기를 헤쳐나가기 위한
선택 상황에도 놓일 수 있다.

그럴 때 대부분 사람은
최대한 자신을 덜 상처 내는 방향으로
핸들을 꺾는다.

# 02

# 위기가 닥치면
## 피하지 말고 정면 돌파하라

나는 거래처 대금결제 협상을 마무리한 뒤 과거의 화려함 따위는 싹 잊어버리려고 노력했다. 그리고 다짐을 했다. '처음부터 다시 시작하자' '넌 잘할 수 있을 거야'라는 자기 암시를 하며 초심으로 돌아갔다. 그때 당시 남아 있는 회사직원이 고작 20여 명 남짓이었다. 내가 가장 아랫사람이라는 생각으로 열심히 일했다. 게임장 프랜차이즈 사업의 길에 들어섰을 때처럼 말이다. 당시 첫 번째 광고가 나가자마자 옆구리에 가방을 차고 현장을 누비던 모습 그대로 온종일 발로 뛰었다.

당시 회사에서는 나보다 더 베테랑이라 할 수 있는 영업사원이 있었다. 하지만 나도 직접 현장에서 똑같이 뛰었다. 창업예정자들에게 감자탕 사업의 성장성과 더불어 외식업을 하려면 왜 감자탕 업종을 선택해야 하는지를 입이 마르도록 설명하며 방방곡곡 전국을 누비고 다녔다. 보통 월요

회의를 마치고 지방을 내려가면 3~4일이 지나야 서울로 돌아오는 날들도 많았다.

다시 초심을 가지고 직접 현장에 나갔더니 힘들기만 한 것은 아니었다. 오랜만에 나간 현장은 지친 내가 잠시 마음의 여유를 가질 수 있는 시간도 마련해줬다. 지방을 다니다가 문득 바라본 차 창밖의 풍경에 취해 가끔 차를 세워놓고 하늘을 바라보기도 했다. 한순간의 실수였지만 쉽게 무너지지 않았던 게 참으로 다행이라는 생각을 했다.

잠시 마음을 추스른 나는 다시 핸들을 잡았다. 그렇게 현장에서 1년 동안 뛰었더니 추풍령 가맹점도 60호점을 넘기며 정상화 되었다. 나는 약속대로 1년 만에 밀린 거래처 대금을 모두 정리했다. 그 과정에서 만들어진 것이 '추풍령 묵은지감자탕'이다. 새로운 메뉴 개발을 통한 차별화 전략으로 사업가로서 다시 한 번 값진 성공을 맛볼 수 있게 되었다.

누구나 살다 보면 위기를 겪게 된다. 그리고 그 위기를 헤쳐 나가기 위한 선택의 기로에 놓일 수도 있다. 그럴 때 대부분 사람은 최대한 자신을 덜 상처 내는 방향으로 핸들을 꺾는다. 마치 우리가 자전거를 처음 배울 때 넘어질 위기가 감지되면 본능에 따라 넘어지는 반대방향으로 핸들을 꺾는 것과도 같다.

하지만 우리가 본능에 따라 행하게 되는 행동들은 때론 우리를 보호하기는커녕 더 많은 상처를 내기도 한다. 어쩌면 진정으로 우리를 보호하는 것은 위기와 정면으로 부딪치며 당당하게 헤쳐 나가는 것일지도 모른다. 실제로 자전거를 탈 때도 넘어지는 방향으로 핸들을 틀어야지 넘어지지 않듯이 말이다.

나는 가장 최악의 상황에서 가장 어려운 선택을 했다. 하지만 결과적으론 그것이 나를 비롯한 모든 사람에게 최선의 선택이 되어주었다. 나의 잘못을 인정하고 지난날의 영광과 성과들을 내려놓고 겸허해지고 나니 다시 일어설 수 있는 가장 좋은 시작점이 되어주었다. 이전까지 나를 치장해주었던 숱한 수식어들, 자수성가한 패기 있는 청년, 젊은 나이에 성공한 능력 있는 청년, 대단한 청년 사업가 등 모든 칭찬을 쓰레기통에 처박아버리고 나서야 비로소 다시 시작할 용기가 났다.

나는 직원들의 워크숍이나 학생들의 강의 때 당시의 뼈아픈 경험, 나의 선택, 깨달음에 관한 이야기를 들려주곤 한다. 내 입으로 밝히기엔 너무나 창피하고 부끄러운 일이었지만 분명 그 시간은 내게 예방접종과도 같은 너무나 귀한 경험이었다. 호되게 앓았던 만큼 다시는 그런 어리석은 행동을 하지 않을 수 있게 되었다. 힘들고 어려운 선택이었지만 결국엔 정면 돌파를 통해 다시 당당히 사업가로서의 길을 갈 수 있게 되었다.

매 순간을 긴장하며 냉철하게
현상을 파악하고 본질을 바라보려는 것은
절박했던
어린 시절로부터 이어져 온 습관이다.

그래서 미리 점검하며
스스로를 담금질하는
나만의 비밀 병기들을 만들어간다.

# 03

# 어떻게 마지막까지
# 생존하고 성공할 것인가

나는 어릴 적부터 인문학 책을 즐겨 읽었다. 나만의 자기계발인 셈이다. 젊은 나이 때부터 사람들과 부대끼며 장사를 하고 사업을 하니 자연스럽게 '인간의 본질'과 '심리'에 대해 많은 관심을 갖게 됐다. 더군다나 워낙 어려운 집안 형편에서 자랐기 때문에 성공에 대한 열망과 행복에 대한 소망이 너무나 강했다. 그렇지만 당장 원한다고 해서 부자가 되고 행복해지는 게 아니어서 사람관계에 관한 책을 읽으면서 미래를 꿈꾸곤 했다. 어릴 때도 공부를 하면서 잠시 10분씩 쉴 때도 관련 도서를 읽는 것을 즐겼다.

그런데 언제부터인가 막연한 기대심리로 책을 읽는 것에서 뭔가 본질을 깨달으려는 공부로 바뀌었다. 그래서인지 요즘은 책 한 장을 넘기는 데 하루가 꼬박 걸리기도 한다. 뭔가 꽂히는 글귀가 있으면 몇 번이고 다시 읽고 그 의미를 곱씹어본다. 마음에 담아두고 싶어서 그렇게 한 문장을 붙

들고 수행을 하듯 혼자서 공부를 하고 있다. 이런 습관은 다양한 사람들의 이야기에 귀를 기울이며 혼자서 정리하는 습관을 지니게 했다. 똑같은 사안을 가지고 20대가 하는 말과 원로들이 해주는 조언이 각각 다르다. 그때마다 나는 스스로 질문을 다시 던진다.

"지금 내가 너무 부실해서 그들과 의견이 다른 것일까? 단지 세대가 달라서 보는 관점이 다른 걸까?"

나는 스스로 던진 질문을 두고 책상 주변이나 벽을 바라본다. 그동안 내가 새겨두었던 문장들을 찾아 질문의 답을 찾기 위해 잠시 여정을 떠나는 것이다. 이런 성찰의 시간은 나에겐 너무나 소중하다. 지금도 매순간 생존의 절박함을 느끼기 때문이다. 그래서 주위의 사람들에게 늘 이야기를 한다.

"지금도 우리 회사는 외부 환경에 의해 무너질 수 있다. 그래서 나는 항상 불안을 느끼고 긴장할 수밖에 없다."

나는 생존에 대한 중요성을 공개적으로 강조하곤 한다. 공개강의를 하고 난 뒤부터 내가 가장 많이 받는 질문이 바로 "내 인생의 최종 목표가 무엇이냐?"는 것이다. 그때마다 내 대답은 하나다.

"마지막까지 생존하는 게 내 목표입니다."

그만큼 기업의 영속성을 지켜가기 어렵다는 뜻을 강조하는 것이다. 카페베네는 2010년에 매출 1,000억 원을 돌파했고 2012년도에 2,200억 원을 돌파하며 2013년도에는 5,000억 원 돌파를 목표로 하고 있다. 난 숫자 목표를 참 좋아하지만, 그 어떤 숫자도 쉽게 만들어지지 않기에 두려운 게 사실이다.

"과연 내가 해낼 수 있을까?"

이미 작은 성공에 도취하여 실패의 쓴맛을 본 적이 있기 때문에 지금은 사업이 잘되고 있더라도 한없이 겸손해야 하는 게 내 운명이다. 언제 다시 나락의 길로 들어설 지 모른다는 불안감과 끊임없이 변하는 주위의 환경은 나로 하여금 긴장의 끈을 놓지 않도록 해준다. 이 불안감과 긴장감은 나에 대한 위기감으로도 작용한다. 지금도 나는 기초가 부족하다는 것을 잘 알고 있다.

"그래도 카페베네가 최고 아닙니까?"

"최고라니요? 전혀 그렇지 않아요. 커피 브랜드가 워낙 많다 보니 숫자상으론 1등일 뿐, 시장 점유율은 10퍼센트 남짓밖에 안 됩니다. 그런데 성공이라고 자신할 수 있을까요?"

결코 겸손한 말이 아니다. 대기업들이 곳곳에 포진하고 있고 해외 브랜드와의 치열한 경쟁을 해야 한다. 우리는 정작 기댈 언덕이 없다. 언덕이 없는 '배수의 진'을 치고 바라보니 긴장을 하지 않을 수가 없다.

매 순간을 긴장하며 냉철하게 현상을 파악하고 본질을 바라보려고 했다. 절박함으로 이어진 어린 시절부터 이어져 온 습관이다. 내가 프랜차이즈 사업을 처음 시작할 때도 나를 도와줄 사람이 주변에 한 명도 없다는 사실은 절박함으로 다가왔다. 그래서 내가 아니면 아무도 없다는 생각으로 미래에 다가올 불안 요소들을 사전에 감지하여 대비하려고 노력했다.

지금도 외부에서 회사를 두고 온갖 뜬소문이 돈다는 것을 알고 있다.

하지만 불쾌해하는 것보다 스스로 점검을 한다. 예컨대, 우리 회사가 유동성이 없다면 정말 그런 것인지 점검을 한다. 실제로 유동성이 없다는 것이 확인됐을 때는 이미 나와 카페베네의 운명은 끝난 것이나 다름없다. 그래서 미리 점검하며 나 자신을 담금질하기 위한 나만의 비밀 병기들을 만들어 간다.

## 비밀 병기 1 책 속 명문장 발췌한 육성 녹음테이프

(전략)……미국의 위대한 심리학자인 윌리엄 제임스는 이렇게 말했다. 우리 시대에 가장 위대한 발견은 자신의 마음을 바꾸는 것으로 해서 자신의 인생을 바꿀 수 있다는 것이다. 나는 거만하지 않겠다. 나는 일을 시키지만은 않고 바닥에서부터 함께 일하겠다. 나는 계획한 일들을 시행하겠다. 지금 당장! 지금 당장! 지금 당장! 나는 늘 언제나 밝게 웃는 사람이 되겠다. 나는 언제나 예스! 오케이! 예스! 오케이! 라고 외치면서 내 인생을 창조해 가겠다. 실패의 최대의 원인은 일시적인 패배에 너무나 빨리 단념해버리는 것이다. 실패의 최대의 원인은 일시적인 패배에 너무나……(하략)

대표적인 것은 내가 육성으로 녹음한 테이프이다. 난 책을 읽고 나면 발췌를 한다. 발췌한 내용은 2차로 원고 정리를 하면서 공감되지 않는 내용을 삭제하고 최종 발췌본을 만든다. 그리고 다시 육성으로 녹음한다.

지금은 스마트폰이 있어서 휴대전화기에다 직접 육성으로 녹음하면 되지만 옛날에는 카세트 테이프에 직접 해야만 했다.

보통 60분용 테이프에 책 3권에서 5권의 분량이 녹음된다. 이 녹음된 테이프는 출퇴근하는 차 안에서 회사에서 잠깐 쉬는 시간, 그리고 집에서 잠들기 10분 전에 명상하듯 들어본다. 이렇게 테이프를 듣다 보면 그 말들이 내 몸속으로 들어오는 듯한 느낌이 든다. 내 혈관을 타고 뇌를 관통하며 내 심장을 흔들어대는 느낌을 말이다.

하지만 이런 습관도 반복하다 보니 약간의 문제가 발생했다. 다름 아니라 이런 패턴에 익숙해진 것이다. 유행가 노래 테이프를 계속 반복적으로 듣다 보면 저절로 다음 노래가 무엇인지, 가사가 어떻게 전개되는지를 아는 것처럼 말이다. 발췌한 내용이 익숙해지자 슬슬 집중력이 떨어졌다. 그럴 때마다 나는 스스로 호통을 치거나 타이르듯 중얼거린다.

"아니, 이런 말은 내가 세상에 태어나서 처음 들어보는 말이야. 이렇게 하면 내가 성공할 수 있다는 거야."

이런 자기암시로 집중력이 떨어지는 것을 애써 막았다. 그리고 스스로 자꾸 최면을 건다. 쉬지 말고 자신을 변화시키며 항상 목표만을 향해 나아가라고 말이다.

이런 테이프를 반복해서 듣다 보면 일종의 명상 시간을 경험하게 된다. 혼자만의 편안함을 느끼고 위로도 된다. 청년 시절부터 이 테이프를 들으며 계속 생각하고 느껴보면서 의미를 곱씹었다. 남들은 읽고 쉽게 넘어가는 문장이지만 책을 읽다가 나를 움직여주는 문장을 발견하면 거기서 일단 멈추고 충분히 사유한다. 그리고 나에게 주입해 완전히 내 것으로 만들고 싶었다. 그 행위가 나의 부족함을 채워주었다. 그리고 지극히 평범했던 나를 변화시키고 키워주었다.

예를 들어 "실패는 성공의 어머니다"와 같이 지겨울 정도로 많이 듣는 이야기를 대부분 사람은 그냥 흘려듣는다. 더군다나 나보다 훨씬 더 많은 고통을 겪고 더 큰 실패와 좌절을 겪은 사람들까지도 그렇다. 정말 중요한 교훈인데도 말이다. 우리는 정말 인생에 피가 되고 살이 되는 교훈들을 무심코 지나친다. 나는 수시로 나의 보물 녹음테이프를 듣고 또 들었다. 심지어 자기 전에 테이프를 틀어놓고 잠들었다. 혹시라도 꿈속에서 그 문장들이 나를 키워주기를 간절히 원했다. 그 말들이 메아리가 되어 내 꿈에 영향을 줄 것 같았다. 그래서 침대 머리맡에 녹음기를 틀어놓고 자곤 했다.

우리가 같은 노래를 들어도 그날의 기분, 날씨, 상황에 따라 다르듯이 매번 반복해서 듣는데도 그때그때 다르게 들려온다. 어떤 환경의 변화, 그날 상태의 변화에 따라 받아들이는 감동 또한 다르다. 일이 잘 안 풀리고 힘들 때 어떤 문장들이 팍 꽂혀서 힘을 주기도 했다. 물론 그것이 결정적인 변화를 일으키지는 않지만 어떤 문제를 바라보는 태도와 삶에 대한 자세를 긍정적으로 바꿔나갈 수 있도록 힘이 되어주고 위로가 되어준다.

위기의 상황이 닥쳤을 때 그것을 넘어가는 힘은 평상시에 키워야 한다고 생각한다. 그럴 수 있도록 나는 녹음테이프를 계속 들으면서 마음을 단련시키고 위기 상황을 대처할 수 있도록 펌프질하면서 준비시켰다.

사업을 처음 시작하던 시절에는 나에게 용기를 주는 문장들에서 힘을 얻었다. "우리 시대에 가장 위대한 발견은 자신의 마음을 바꾸는 것으로 해서 자신의 인생을 바꿀 수 있다는 것이다." 녹음테이프들을 듣고 또 들으면서 자신을 스스로 무장시켰다. 또 어떤 시절에는 이런 내용이 가슴에 와 닿았다.

항해사가 없는 배를 타고 갈 때 때로는 목적지에 빨리 도달할 수 있지만 언젠가는 침몰한다는 이야기. 늘 공감하고 다시 생각해 보곤 한다. 충분히 계획되고 준비되지 못한 성공은 오래가지 못한다. 내가 살아오면서 느낀 중요한 깨달음이다. 내 주변에도 선배나 후배들이 성공이라는 고지에 깃발을 찍고 바로 추락해버리는 경우가 많이 있었다. 물론 나도 두 번이나 그런 경험이 있다. 그래서 인생이라는 망망대해를 떠가는 항해사의 처지에서 미래를 준비하고 철저하게 계획해야 한다는 마음을 다지게 되었다. 이것이 나의 첫 번째 비밀 병기이다.

**비밀 병기 2** 다짐과 목표를 꾹꾹 적은 내 책상 위의 액자

2012년 나의 다짐

1. 나는 항상 따뜻한 마음으로 파트너를 대한다.
2. 예비자금 확보는 내 생명줄이다.
3. 2015년 대기업 성장보다 끝까지 생존하는 게 중요하다.
4. 책임경영 그리고 반드시 인재들이 있어야 기업을 만들 수 있다.
5. 직영점 개설 숫자 욕심을 항상 경계하라.

6. 적들은 밖에 있는 것이 아니고 내 안에 있다.

7. 내 어설픈 판단 하나가 회사를 망하게 한다.

8. 내 마지막 날을 나는 항상 기억해야 한다.

9. 나는 항상 즉시 실천한다.


두 번째 비밀 병기는 책상 앞에 있는 작은 액자이다. 이 액자는 9가지 다짐이 있다. 매년 1월 1일이 되면 업그레이드 시킨다. 그중에는 10여 년째 변하지 않고 내 책상 위를 밝혀주는 다짐도 있다. 아마도 그것은 내 인생의 마지막 순간까지도 나의 길을 비춰주는 등대가 될 것이다. 때로는 그 해의 실천 목표 같은 것도 들어간다. 2번째 줄에는 이런 말이 쓰여 있다. "예비자금 확보는 내 생명줄이다."

물론 책상에 앉아서 그 액자를 들여다볼 시간이 많지는 않다. 그리고 그런 시간이 많아서도 안 된다. 아니 그렇게 한가하면 오히려 이상한 것이다. 한 달에 한두 번 그 액자를 앞으로 당겨 들여다보곤 한다. 그러나 그 다짐은 1년 365일 24시간 내내 내 머릿속에 함께 있다. 그래서 결정적인 순간에 불쑥 내 머릿속에서 튀어나와 비밀 병기 역할을 한다.

모르는 사람들에게는 책상 앞에 있는 작은 액자에 불과할 것이다. 하지만 내가 의사결정을 어떻게 해야 하는지, 투자를 어떤 방식으로 해야 하는지 등 판단 기준을 알려주는 인생의 등대 같은 존재다.

사람들이 말하기를 평화로운 세상에서 어찌하여 성 쌓기에 급급히 구는가 한다. 하지만 나는 그렇게 생각하지 않는다. 편안한 때일수록 오히려 위태로운 것을 잊지 않고 경계함은 나라를 위하는 도리이다. 어찌 도적이 침범하여 들어온 후에야 성 쌓을 이치가 있겠는가?

– 세종대왕

나는 이러한 나침반을 내 삶의 곳곳에 비치해뒀다. 내 책상뿐만 아니라 옷장 안에도, 침대 옆에도, 지갑에도, 가슴속에도 두며 내 삶의 방향을 설정한다. 목표에 집중하고 힘이 들면 들수록 성공이 가까워졌다는 사실을 제발 믿어달라며 스스로 호소도 한다. 이렇듯 성찰의 시간은 마음만 먹으면 얼마든지 일상에서 마련할 수 있다. 성찰이라는 게 수도원이나 깊은 산 속의 절에서만 이루어지는 수행자들의 몫이 아니다.

성찰 효과를 좀 더 실생활에서 적용하려면 '인생 오답 노트'를 만드는 것도 좋다. 나는 수첩 말고도 아무 종이에나 메모하는 습관이 있다. 이 메모는 방금 떠오르는 기발한 생각이나 책의 글귀뿐만 아니다. 때론 실수한 것에 대해서도 소감을 적고 평가를 하곤 한다.

이렇게 스스로 실수나 오류에 대해 생각만 하는 것이 아니라 그 생각을 직접 글로 쓰면 각인 효과가 매우 크다. 학생들이 오답 노트를 만들어 한 번 틀린 문제에 대해 경계를 하고 똑같은 실수를 반복하지 않는 것처럼 자신의 행동과 생각을 성찰한 결과를 오답 노트처럼 만드는 것이다.

소크라테스는 델포이 신전에서 '너 자신을 알라'는 문구를 보고 성찰의 삶을 강조했다. 자기 자신을 알라는 말이 단순히 이름이 홍길동이고 나이는 몇 살이며 어디에 사는지를 잘 알고 있으라는 말이 아니다. 소크라테스는 사람들이 자신의 내면을 깊이 들여다보게 하려고 엄청난 질문공세를 퍼부었다고 한다. 부자가 되겠다고 권력을 얻겠다고 부나비처럼 떠도는 아테네 사람들에게 '성찰하지 않는 삶은 살 가치가 없다'는 말로 경고를 했다.

성찰의 습관은 스스로 위로하는 명상의 시간이자 냉철한 평가의 순간이기도 하다. 앞서 나는 정리 습관을 이야기했다. 정리의 습관이 곧 내면의 성찰로 자연스레 이어졌다. 이런 나의 습관은 위기를 맞게 되면 나름 도움이 됐다. 아무리 어려운 상황에서도 우왕좌왕하기보다 어떻게든 돌파구를 찾으려고 냉정한 자세를 유지할 수 있었다. 그리고 성찰은 내가 가는 길이 힘들더라도 목표만을 향해 뚜벅뚜벅 걸어가게 했다.

나는 어떤 문제가 생겼을 때
더는 진전이 보이지 않으면
어느 선에서 깨끗이 정리를 한다.

그리고 내 안의 서랍 속에
넣어서 덮어버린다.

# 04

# 부정적인 생각과
## 감정을 다스려라

　서랍. 뭔가를 정리하고 보관을 하기 위해 만든 것이다. 책상 서랍을 열면 어떤 이는 가지런히 자신의 물건을 정리해놓았다. 또 어떤 이는 아무렇게나 쑤셔 넣은 듯 온갖 잡동사니를 담아두기도 한다. 어쨌든 서랍은 뭔가를 정리하기 위한 '공간'이다.

　내게는 아주 많은 서랍이 있다. 그리고 그 서랍에는 아주 많은 눈물과 한숨이 들어 있다. 나는 어떤 문제가 생겼을 때 더 이상의 진전이 보이지 않으면 어느 선에서 깨끗이 정리를 한다. 그리고 내 안의 서랍 속에 넣어서 덮어버린다. 그후로도 그에 대한 생각이 나려고 하면 얼른 다시 서랍에 밀어 넣는다. 때론 그것이 친구의 배신일 수도 있고 거래업체의 불성실한 태도일 수도 있을 것이다. 감정의 기복을 요구하는 여러 사안에 대해 나는 요즘 유행하는 말로 '쿨'하다.

내가 쿨한 이유는 그러지 않으면 내가 힘들기 때문이다. 가슴에 화산처럼 타오르는 분노를, 실망감을, 어지러움을 안고서는 앞으로 더 나아갈 수 없다. 잃은 것에 연연하다 보면 더 큰 것을 잃을 수도 있다. 나한테는 이뤄야 할 목표도 있고 꿈도 있다. 그래서 앞으로 나아가기만으로도 시간이 모자라다. 꿈을 향한 먼 여정에서 그런 생각들은 걸림돌이 될 뿐이다.

물론 그렇다고 하여 내 생각이나 감정을 정리하지 않고 무조건 덮는 것은 아니다. 그것은 후에 더 큰 문제를 유발할 수 있다. 어느 순간 억눌렸던 감정들이 폭발할 수도 있고, 그도 아니면 몸이 아플 수도 있다. 나는 그 어느 것도 원하지 않기에 우선은 내가 받아들일 수 있는 방식으로 그 일들을 정리한다. 그것은 현실적으로 가능한 선까지의 타협이 될 수도 있다. 때로는 조건 없는 용서도 될 수 있다. 어떤 식으로든 그것은 당장은 잃는 것처럼 보여도 결국엔 얻을 수 있는 유일한 방법이다.

이미 벌어진 일은 되돌릴 수 없으니 일단 정리를 한 문제는 끝난 것이어야 한다. 계속 그것을 곱씹으며 불쾌한 감정을 끄집어내는 것은 어리석은 일이다. 나는 지난 일에 대해 다시 불쾌한 감정이 드는 순간 바로 감정을 잘라버린다. 다른 화제로 생각을 전환해버린다. 쉽지 않은 일이지만 그것도 습관이 되면 쉬워진다. 처음에는 그 하나를 잊기 위해 끙끙거린다. 그런데 그게 반복되면 이런 것들도 자연스레 습관화된다.

내가 다른 사람보다 이런 부분이 더 잘 발달한 데는 분명 성격적인 면도 있을 것이다. 한편으론 어린 시절의 여러 다양한 경험들 때문에 단련된 부분도 있을 것이다. 나는 어릴 때부터 작은 일에도 잘 웃는 밝은 성격이었다. 어떨 땐 4차원이라는 생각이 들 정도로 긍정적이다 못해 낙천적이기까지 했다. 나는 남들이 아픔이라고 느끼는 것도 별달리 아픔을 느끼지 않고 훌훌 털어버리는 성격이다. 예컨대 누가 자신에 대해 나쁜 이야기를 하면 대부분은 그게 마음의 상처가 된다. 그런데 나는 별로 신경을 쓰지 않았다.

어린 시절의 성장 과정을 되돌아보면 그 누구보다도 취약한 환경에서 자랐다. 지금은 기억에도 없지만, 짐작건대 그 시절의 경험들을 하나하나 세부적으로 들여다보면 비참한 경우도 참 많았을 것이다. 시골의 가난한 살림에 아버지 없이 살다 보면 힘들고 어려운 일이 왜 없었겠는가. 또 가난하다는 이유로 부당하다고 여겨지는 일들도 알게 모르게 많이 당하게 된다. 특히 환경적인 면에서 그런 일들이 많이 생긴다. 나는 초등학교 때도 학교를 마치고 돌아오면 어머니가 일하고 계신 논으로 나가 일을 거들었다. 누가 나에게 그것을 강요한 것은 아니지만 어린 나이에도 나는 그것이 내 몫의 일이라는 것을 잘 알고 있었다.

가끔 농약 통을 등에 메고 손으로 펌프질하며 농약을 치기도 했다. 농약 치기를 20분가량 하면 개울로 가서 통에 물을 채우고 다시 약을 타야 한다. 하루는 신발을 벗어놓고 맨발로 개울로 들어갔다가 그만 깨진 유리에 발이 크게 베는 일이 있었다. 일하다가 순간적으로 밟은 것이다 보니 제법 깊게 들어갔다.

개울물이 순식간에 빨갛게 변했고 고통도 심했다. 하지만 그것을 딱히 치료할 만한 병원도 가까이에 없었던 데다가 무엇보다도 우리 집은 그 정도의 상처로 병원이나 약국을 찾을 만큼의 형편이 아니었다. 나는 덤덤하게 발에서 유리조각을 꺼내고 어머니에게로 향했다. 집에도 딱히 약이라고 할 만한 것이 없다 보니 그냥 불로 상처를 지져 소독하고 붕대로 동여매는 정도가 최선이었다.

어른이 된 지금 다시 그 시절을 떠올려보면 왜 그때 제대로 된 치료도 받지 못했는지 안타깝고 속이 상하기도 하다. 하지만 당시 나에게 이러한 서글픈 경험들이 비일비재하게 일어나다 보니 그것이 별달리 속상할 일은 아니었다. 게다가 나는 그런 일들이 벌어지면 재빨리 잊어버리려고 노력했다.

어쩌면 그것은 너무 자주 겪다 보니 자연스레 무뎌졌을 수도 있다. 혹은 상처나 고통으로부터 나를 보호하는 일종의 자기 방어였을 수도 있다. 그것이 무엇이든 어릴 때부터의 그러한 훈련은 어른이 된 지금, 특히 사업가의 길을 걷고 있는 나에게 큰 도움이 되었다.

사업가로 살기 위해선 '마인드 컨트롤'에 능해야 한다. 웃고 싶지 않아도 웃어야 하고 화가 나는 일도 꾹 참아야 할 때가 많다. 또 더는 도움이 되지 않는 과거의 실수나 경험은 과감하게 덮어야 한다. "그때 내가 왜 그랬을까?" "그 사람을 믿지 말았어야 했어." 같은 감정의 집착이 생기는 순간 전진의 발걸음이 더뎌진다.

나는 마음을 어지럽히는 문제가 발생하면 나만의 방식으로 나의 감정들을 순화하고 정리해 나간다. 앞서 말했듯 어린 시절부터 그런 부분에 단련되기도 했지만, 그것이 습관화되면서 마인드 컨트롤을 위한 나만의 노하우가 생기기도 했다.

　문제가 발생하고 그 문제 때문에 내 마음에 고통이 오면 우선은 잠을 잔다. 스스로 감당하기 어려울 만큼의 심적 고통이 느껴지면 일단은 생각을 멈춰야 한다. 그러기 위한 가장 좋은 방법이 잠을 한숨 자는 것이다. 물론 그런 상황에서 잠을 자기가 쉽지는 않다. 하지만 시체놀이를 하듯 반듯하게 누워 움직이지 않고 가만히 있으면 점점 몸과 마음이 가라앉는다. 그때 나는 나의 모든 감정과 감각에 주문을 건다.

　"멈춰라, 멈춰라……."

　그렇게 한 시간이고 두 시간이고 계속하다 보면 잠이 올 수밖에 없다. 그렇게 잠을 한숨 자고 일어나면 어지러웠던 나의 감정들은 이전보다 훨씬 통제되고 절제되어 있다.

　'마인드 컨트롤'을 위한 그다음 단계는 '종이에 쓰기'이다. 나는 내 서랍 속에 그 어떤 일도 대충 꼬깃꼬깃 구겨서 넣어두지는 않는다. 나름 깔끔하게 정리를 한 후 넣어둔다. 그러는 데 필요한 것이 '쓰기'이다. 윈스턴 처칠 역시 걱정에서 벗어나는 노하우로 '종이에 쓰기'를 권했다. 그는 다음과 같이 말했다.

　"고민을 깔끔하게 정리하는 방법은 종이에 적어보는 것이다. 무수한 걱정거리 가운데 반만이라도 써보면 도움이 된다. 여섯 가지를 적는다면 3분의 1은 사라질 것이다. 나머지 두 가지 정도는 저절로 해결된다. 그리고 나머지는 어떻게 할 수 있는 게 아니다. 그것을 내가 왜 걱정해야 하나?"

잠을 자면서 일단 한 번 정제된 감정은 종이 위에서 다시 객관화된다. 이 단계에서 나에게 도움이 되지 않는 소모적인 감정들이 빠져나간다. 나는 불필요한 감정들이 빠져나간 객관화된 팩트만을 두고 이후에 어떤 태도를 보일 것인지 결정한다. 그것이 비록 최고의 결론을 이끌어내지 못하더라도 온 힘을 다한 고민 끝에 나온 결정이니만큼 그 선에서 정리하고 서랍 속에 넣어 덮어둔다. 게다가 처칠의 말처럼 내가 어떻게 할 수 없는 것들을 고민할 이유는 없다. 그저 감정 정리만 하고 덮어두는 것이 최선이다.

위에서 말한 기술들은 오랜 경험으로 숙련된 나만의 마인드 컨트롤 방법이다. 하지만 사실 문제를 해결하는 최고의 방법은 문제가 생기지 않도록 사전에 조심하는 것이다. 나는 나 스스로 용납하지 못할 만큼의 어이없는 일은 당하지 않는다. 일 관계에서든 사람과의 관계에서든 그런 최악의 경우까지 가지 않도록 사전에 미리 선을 긋는다.

문제가 더 커질 것 같은 낌새가 보이면 그 단계가 되기 이전에 정리하는 것이다. 예컨대 누군가 비상식적인 거래를 통해 개인적인 이익을 보려 한다면 그런 일이 벌어지기 전에 그 사람에게 경고하고 상황을 정리시킨다. 그리고 그가 그 경고를 무시하고 계속 그런 행동을 하면 그 사람과의 인연을 정리한다. 오랜 기간 인연을 유지한 사람의 경우엔 마음이 몹시 아프지만 더 큰 피해와 아픔을 피하기 위해선 어쩔 수 없이 결단을 내려야 한다.

서랍에 넣어 정리하고 덮는다고 해서 내가 마음이 약하다거나 우유부단한 것은 절대 아니다. 오히려 인간관계나 거래관계를 상당히 단호하게 정리하기 때문에 문제가 더 커지는 일은 별로 없다. 덕분에 언젠가부터 나는 항상 감당할 수 있는 상황만을 유지하는 것 같다.

한편, 이미 벌어진 일에 대해서는 우선은 그 사람을, 그 상황을 '이해'하려 노력한다. 특히 인간관계에 의해 발생하는 문제에는 상대를 이해하려는 마음을 갖는 것이 결국엔 내 마음을 다스리기에 가장 좋은 방법이다. 그 사람에게도 그럴 수밖에 없었던 피치 못할 사정이란 것이 있었을 것이다. 가능하면 그것을 이해해보려 노력하는 것이 결국엔 나를 보호하는 최선의 길이다.

그리고 일정 시간이 지난 후, 그 서랍을 열어보았을 때 비록 그게 최선의 답은 아니었을지라도 충분한 시간과 노력을 들여 고민하고 정리한 뒤의 결정이었기에 언제나 후회는 없다. 내 안의 서랍은 비록 눈물과 한숨이 가득할지라도 그곳은 나의 은신처가 될 수도, 나의 엄마 품이 될 수도 있는 곳이다. 또한 내가 목표를 정하고 나아감에서 후회 없는 결단을 내리도록 도와주는 말 없는 조언자이기도 하다.

# 05

# 두려움을
## 아는 자가 성장한다

솔직히 고백하면 20대에 사업을 시작한 이후로 지금까지도 '쫄딱 망하는 것'에 대한 불안은 절대로 떨쳐낼 수가 없다. 아무도 모를 것이다. 달라진 것은 그런 두려움을 아무에게나 솔직하게 얘기할 수 없는 내가 되었다는 것뿐이라고 해야 할까?

예를 들어 2005년의 나와 2012년의 나를 비교해본다. 그때도 어느 정도 작은 성취를 얻었다. 그리고 지금은 회사 규모나 자산을 비교하면 확연히 달라졌다. 그러나 그때나 지금이나 '쫄딱 망하는 것'에 대한 두려움의 크기는 똑같다. 그런데 돌이켜보면 '그 두려움이 나를 성장시킨 것이 아닐까?' 하는 생각이 든다. 많은 사람이 그런 두려움을 부정적인 생각으로만 치부하고 늘 긍정적인 마인드로 비꿀 것을 주장한다. 하지만 나에게 있어서 그 두려움이 없었다면 자신할 수 없다. 지금의 나를! 어쩌면 두려움이 나를 성장시킨 것은 아닐까?

사실 실패에 대한 두려움은 성공 여부와 관계없이 누구나 가지고 있다. 언제든지 내 삶이 무너질 수 있다는 위기의식, 가진 돈을 모두 날려서 알거지가 되는 공포, 그뿐만 아니라 직장에서 쫓겨나는 꿈, 대학에 떨어져서 자살하는 자기 모습에 대한 상상 등 우리 사회에서 신분과 나이를 떠나 그런 두려움이 하나도 없는 사람은 정말이지 0.001퍼센트도 안 될 것이다.

나는 두려움은 잘못이 하나도 없다고 생각한다. 오히려 두려움이 없는 것이 문제다. 우리가 느끼는 인생의 두려움과 걱정을 대비하고 준비하는 에너지로 바꿀 수 있다면 오히려 크나큰 자산이 될 것이다. 나는 앞날을 예측하는 무당이 아니다. 한 잔의 커피도 수많은 시간과 사람의 노력과 공정을 거쳐서 마시게 되는 것이기 때문에 어떤 돌발 상황도 생길 수 있다. 인생처럼 불안 요소가 곳곳에 있다. 만약에 브라질의 커피 재배 농가에서 유해물질 나오면 어떻게 해야 하는지 가상 시나리오도 내 머릿속에서는 상상이 되기도 한다. 그럴 땐 어떻게 해야 하는지 대처방안까지도 생각해야 한다.

그런 외부에서 오는 위기뿐만 아니라 나의 변화도 주도면밀하게 점검해야 한다. 내가 이만한 사업을 하고 있기 때문에 혹시라도 거만해지지는 않았는지, 혹시 그런 거만함 때문에 나에게 좋은 아이디어들이 오지 않을 수 있지는 않은지.

물론 인생을 살아가는 모든 사람이 나와 같지는 않을 것이다. 두려움 없이 과감하게 외향적으로 살아가는 사람도 자신의 삶을 잘 꾸려간다. 그러나 나는 그런 두려운 마음과 여러 가지 부정적 상황을 가정해보면서 섬세한 마음으로 준비하고 계획하면서 살아가는 것이 어쩌면 순식간에 '쫄딱 망하지' 않고 행복을 향해 갈 수 있는 보통 사람들의 방법이 아닐까 생각한다.

나는 그런 두려움 때문에 현실적인 안전장치들을 준비한다. 경영을 함에 있어 사람에게 혈액과 같은 현금, 조직의 갈등을 없애는 안전장치, 회사의 전략과 비전에서의 안전장치들을 항상 준비하고 만들어놓곤 한다.

또 개인적으로는 나의 리듬을 잃지 않기 위한 안전장치를 마련한다. 그것은 소위 '항상심'이라고 할 수 있다. 사람은 환경이 변하면 리듬이 깨져서 한순간에 나락으로 떨어질 수 있다. 그것을 붙잡아둘 수 있는 안전장치를 놓쳐서는 안 된다. 좋은 예가 복권 당첨자들이다. 그들의 삶을 들여다보았을 때 대부분이 행복해지지 않았다. 결국 복권 당첨금을 다 탕진했다는 사실이다. 준비되지 않은 사람에게 수억, 수십억의 일확천금을 주는 것은 어린아이에게 다이아몬드를 맡기는 것과 비슷하다. 만약 궁핍했던 생활, 그때 가졌던 생각들, 돈의 귀중함 같은 것들을 복권 당첨 후에도 똑같이 가질 수만 있었다면 그렇게 되지는 않았을 것이다.

자수성가로 성공한 사람들도 마찬가지다. 사람들은 그런 성공신화에 경외감을 갖고 귀를 기울인다. 그렇다 보니까 성공한 사람들은 우쭐하게 되고 '그래 나는 다른 사람과 원래 달랐어!' 하는 자만심이 생긴다. 그때 마음을 확 잡아줄 수 있는 안전장치가 필요하다. 그것은 비단 사회적 성공이 아니라 작은 일을 성취했을 때도 마찬가지로 적용된다. 끊임없이 '나를 초심으로 붙잡아두는 노력'이라는 안전장치를 갖지 않으면 안 된다.

나에게 있어서 그런 마음의 안전장치 중 하나가 자신감과 자만심을 구별하는 것이다. 과연 그 둘은 어떤 차이가 있을까? 나는 계속 생각하다가 근접한 결론을 내렸다. 내가 어떤 새로운 일을 시작할 때 남의 말이 들리면 자신감이다. 반면에 남이 어떤 조언을 했을 때 "응, 됐어. 나 그거 알아!" 라고 했을 때 그건 자만심이다. 그런 초심을 계속해서 가질 수 있다면 5년 전의 '나'와 지금의 나, 그리고 10년 후의 나는 분명 달라지겠지만, 더욱 중요한 '나'는 변하지 않을 것이란 믿음이 있다.

나는 내게 격려와 꾸지람이
필요할 때가 오면
스스로 회초리를 들었다.

그것은 격려인 동시에
명령이고 나 자신을 향한 테스트였다.

# 06

# 오직 '나'만이
# 나를 통제할 수 있다

"그 정도 벌었으면 이제 골프도 치고 좀 즐기고 살아도 되지 않나요?"

많은 사람이 나에 대해 의아해하는 것 중의 하나가 바로 골프를 하지 않는다는 점이다. 골프는 이제 성공의 상징을 넘어 대중적인 취미로 자리를 잡아가고 있다. 그런데 앞서지는 못할망정 뒤처지는 듯한 인상을 주니 의아하다 못해 답답하기까지 한 모양이다.

"사업을 위해서라도 골프를 하셔야죠. 그래야 인맥도 쌓고 사교도 하죠."

사업에서 골프의 장점을 모르는 바는 아니다. 게다가 적당한 운동은 건강에도 좋을 테니 굳이 골프를 마다할 이유는 없다. 하지만 내가 골프를 하지 않는 데는 그럴 만한 이유가 있다. 나는 어떤 것에 재미를 느끼면 거기에 완전히 빠지는 스타일이다. 골프라고 절대 예외일 수가 없다.

내가 골프를 하게 되면 프로 골퍼 수준까지는 아니더라도 분명 어떤 경지까지는 오르기 위해 집착할 것이다. 또 골프를 사업적 측면에서도 연구하게 될 것이다. 예컨대 골프장도 하나 지어야 하고 새로운 형태의 골프채에 대해서도 연구하게 될지도 모른다. 나는 어느 한 가지를 보면 그 부분에 대해 자동으로 집중하는 성격이다. 그것은 나의 장점인 동시에 치명적인 약점이기도 하다.

다행스럽게도 나는 20년 가까운 세월 동안 사업에 집중하고 있고 그 안에서 행복과 즐거움을 느끼고 있다. 그리고 앞으로도 20년 정도는 더 사업에 집중할 에너지도 충분히 가지고 있다. 물론 혹자는 그렇게 일만 하면 힘들고 지겹지 않으냐고 물을 수도 있다. 하지만 내게 있어 사업은 일인 동시에 휴식이기도 하다. 사업을 통해 하나하나 일구어가는 성과들이 나에겐 갈증을 없애주는 물이고 달콤함을 주는 열매이며 피로를 풀어주는 단잠이다.

물론 나에게도 나름의 취미생활은 있다. 간혹 집에 혼자 여유롭게 있을 때 영화를 본다. 하지만 이 역시 너무 깊이 빠져들지 않도록 적당한 선에서 자동경보장치를 발동시킨다. 영화 한 편 정도는 마음 편히 즐기면서 볼 수 있지만 두 편째로 접어드는 순간 "이건 아니다!"라며 내 안의 경보가 울리기 시작하는 것이다.

스스로 너무 가혹한 것 아니냐고 하겠지만, 자신을 통제할 수 있는 가장 강한 힘은 언제나 '나'로부터 나온다. 언젠가는 지겹도록 영화를 보고 골프를 하는 날이 오겠지만 아직은 아니다. 나는 앞으로 조금은 더 달려야 하고 그 과정에 더욱 충실하려면 허튼 곳에 에너지를 낭비할 수는 없다.

골프를 치는 것이나 영화를 보는 것이 나쁘다는 말은 결코 아니다. 그것이 삶의 활력이 되고 에너지가 되는 사람은 나름의 기준을 가지고 그것들을 즐기면 된다. 하지만 나처럼 뭔가에 빠져들면 본업에 지장을 줄 위험이 있다고 판단되면 스스로 경계를 하는 것이 바람직하다.

중국 고대의 사상가이며 도가의 시조인 노자는 다음과 같이 말했다.

"남의 일을 잘 알고 있는 사람은 똑똑한 사람이다. 자기 자신을 잘 알고 있는 사람은 그 이상으로 총명한 사람이다. 그리고 남을 설복시킬 수 있는 사람은 강한 사람이다. 그러나 자기 자신을 이겨내는 사람은 그 이상으로 강한 사람이다."

노자의 말처럼 나를 잘 알고 나아가 나를 이기는 것이야말로 총명하고 강한 사람, 즉 내 인생의 주인이 되는 유일한 방법이다. 누군가 내게 '사업을 위해 골프도 해야 한다'고 조언하더라도 그것이 나와 맞지 않다면 10년쯤 뒤로 미뤄두는 단호함도 필요하다. 제아무리 좋은 약이라도 그것이 맞지 않는 사람에게 쓰면 오히려 독이 될 수 있기 때문이다.

또 내 인생의 주인이 되기 위해서는 나 자신을 먼저 이겨야 한다. 물론 지금도 쉽지 않다. 여전히 내게 끌려다니고 있다. 내가 정해놓은 원칙들은 셀 수도 없이 무너지지만 그래도 핑계 뒤에 숨어 자신을 내버려두는 것은 비겁한 짓이다. 부족한 만큼 더 열심히 달리면 된다. 노력만큼 정직한 것은 없다. 물론 그 과정에는 늘 선택과 집중이 필요하다. 제한된 돈과 능력으로 얻을 수 있는 것이 많지 않으니 자신이 얻고 싶은 것을 선택하여 그곳에 집중적으로 투자하면 된다. 그리고 그 외의 것은 과감히 놓을 수 있는 단호함도 필요하다.

나는 학창시절 장돌뱅이처럼 이곳저곳 떠돌며 보따리장사를 할 때부터 내 또래가 누려야 할 많은 것들을 포기했다. 그 흔한 미팅도, 친구들과의 여행도, 제대로 된 취미생활도 하나 없이 그저 내 목표만을 향해 달려가고 있다. 나는 어린 시절부터 나에 대해 조금은 단호한 편이었다. 스스로 단호해지기 위해 어느 정도는 노력도 했다. 하지만 한편으론 아버지가 일찍 돌아가신 탓에 자신을 통제할 수 있는 가장 강한 힘은 결국엔 '나'로부터 나온다는 것을 일찍 깨달은 덕분이기도 할 것이다.

니는 이릴 때부터 뭔가 목표를 정해두고 그것에 도전하기를 즐겼다. 그 과정에서 게으름을 피우는 모습이 보이면 회초리로 내 종아리를 치는 습관이 있었다. 처음엔 그냥 "정신 차리자." "앞으로 잘해보자." '격려'의 의미로 시작한 일이었다. 그런데 막상 회초리로 내 종아리를 때렸을 때 몸으로 느껴지는 통증은 나의 의도와는 달리 '고통'이었다. 그렇게 내 몸이 고통을 느끼니 생각이 좀 더 깊어지기 시작했다.

'뭐야, 이거 내가 진짜 잘못했나 봐. 그러면 앞으로 정말 잘해야 하겠네.' '정신 차려! 너 지금 뭔가 잘못하고 있잖아!' '이런 식으로 해서 네가 원하는 걸 얻을 수 있겠어?'

이후로 나는 내게 격려와 꾸지람이 필요할 때가 오면 스스로 회초리를 들었다. 물론 그런 일이 자주 벌어졌던 것도 아니고, 큰 상처가 날 만큼 심하게 때리는 것도 아니었다. 하지만 그 효과는 아주 컸다. 평소 어머니나 형들에게서 꾸지람을 듣는 것과는 전혀 다른 의미로 다가왔다.

내가 나를 혼내는 것은 나 스스로 어떤 목표를 세우고 나아갈 때 그것을 잘 못하면 앞으로 제대로 잘해보자는 의미이다. 그것은 격려인 동시에 명령이고 나 자신을 향한 테스트였다. 청년 때까지 이어진 그런 스스로에 대한 테스트가 나를 한 걸음 한 걸음 변화시켜왔다. 부족한 나를 지금의 이 자리까지 오게 해주었다.

사실 어린 시절의 나처럼 자신을 회초리로 체벌하는 것은 절대 평범하지 않은 자기통제 방법일 것이다. 하지만 내겐 이러한 방법이 잘 맞았다. 그 덕분인지 어른이 된 후에도 내 삶을 계획하고 통제하고 실행하는 것에 조금은 능숙해졌다. 물론 그렇다고 해서 모든 사람이 나와 같은 식으로 자신을 통제해야 한다는 것은 절대 아니다. 계획한 것을 열심히 하고 잘했을 때 작은 것이나마 자신에게 포상하는 방법도 좋다. 또 잘하지 못하거나 게으름을 피울 때 자신을 나무라고 격려하는 방법 역시 좀 더 부드러워도 좋다. 그것이 어떤 것이든 자신에게 가장 잘 맞는 방법을 찾아 자신을 통제하고 삶의 주인이 되는 것이 중요하다. 그래야지만 진정으로 '내 인생은 나의 것'이라며 당당히 말할 자격이 생기게 된다.

사업하다 보면
돈, 시간, 노력보다 더 귀한
'신념'이라는 것을 지키기 위해
도공이 마음에 들지 않는
도자기를 깨듯
'아름다운 포기'가
필요한 순간이 오기도 한다.

# 절대 포기하지 말아야
# 할 것들이 있다

간혹 영화나 드라마를 보면 거의 다 완성된 도자기를 도공이 깨트려서 버리는 것을 볼 수 있다. 얼핏 보기엔 흠 하나 없이 훌륭한 도자기이지만 도공의 눈엔 뭔가 마음에 들지 않는 부분이 있는 모양이다. 일반인의 눈으로 보면 잘 이해가 되지 않는 상황이지만 도공에게는 그것이 예술에 대한 자신의 신념과 소신을 지키기 위한 최선책일지도 모른다.

"이 시간 이후부터 카페시루 건은 전면 폐기합니다. 이유는 단 하나, 카페시루가 카페베네와 경쟁할 가능성이 있기 때문입니다."

카페시루는 "떡" 카페였다. 1년 동안 준비한 사람들의 표정은 말이 아니었다. 내 목소리도 그동안의 긴장감 때문인지 약간 떨렸다. 특히 이번 아이템에 혼을 담은 것인 양 노력한 윤은경 팀장의 얼굴은 창백해 보이기까지 하였다.

그때 당시 메뉴 개발은 물론이고 공장 건립, 상표 등록, 매장 디자인 콘셉트까지 완성된 브랜드를 출시 직전에 포기한다는 것은 도공이 가마에서 갓 나온 도자기를 깨는 것만큼이나 가슴 쓰린 일이다. 그럼에도 사업을 하다 보면 돈, 시간, 노력보다 더 귀한 '신념'이라는 것을 지키기 위해 '아름다운 포기'가 필요한 순간이 오기도 한다.

나는 카페베네가 가맹점 확장에 가속도를 내며 성공 궤도에 접어들자 2010년 여름쯤에 세컨드 브랜드 준비에 들어갔다. 여러 아이템을 두고 성공 가능성을 타진하던 중 당시 웰빙음식으로 주목을 받던 '떡'에 관심을 두게 되었디. 다양한 종류의 떡, 농서양의 차, 커피를 함께 파는 떡 카페를 떠올린 것이다. 카페베네를 위해 유사 음료 브랜드를 만들지 않는다는 것이 평소 내 소신이다 보니 메뉴 하나도 꼼꼼하게 비교해서 판단해야 했다.

"카페베네에 가면 젤라또, 베이커리, 와플, 쿠키 종류가 있지만, 떡 카페에 가면 떡이 있다."

"떡 카페에는 식혜나 수정과 등 카페베네보다 더 다양한 전통차와 음료가 있다."

내 마음이 끌려서인지 카페베네와 비교하면 할수록 둘 사이의 차이점이 분명하게 드러났다. 나는 내친김에 쐐기를 박기 위해 브랜드 이름까지 지었다. 차와 음료를 파는 '카페'와 떡을 찌는 '시루'를 합쳐서 '카페시루'라고 이름 붙였다.

"그래! 카페베네가 유럽피안 스타일의 카페라면 카페시루는 전통 떡을 파는 곳인 만큼 우리 고유의 멋이 잘 드러나는 떡 카페야."

카페시루는 고객이 주문하자마자 조그만 시루로 즉석에서 떡을 쪄주는 시스템으로 구성되었다. 떡이 쌀을 주재료로 한 건강식인데다가 음료와 함께라면 한 끼 식사로도 나름의 만족감을 줄 것으로 생각했다. 나는 나의 판단을 믿고 준비작업을 진행했다. 수개월에 걸쳐 전통 떡 전문가, 식품영양학 교수, 전통식품 연구가 등에 조언을 구해 메뉴 개발도 마쳤다. 당시 카페시루 메뉴 개발에 도움을 주었던 여러 전문가는 긍정적인 평가를 해주었다.

"카페베네가 떡 카페 사업을 시작한다면 떡이나 전통 차 시장을 더욱 확대할 수 있을 것이다." "카페식의 콘셉트를 활용하니 젊은이들에게 떡 문화와 차 문화를 심을 좋은 기회가 될 것이다." "카페베네가 하는 것이니만큼 꼭 성공할 것이다."

카페시루 준비는 이처럼 자긍심을 키우는 계기가 되었다. 우리 쌀을 안정적으로 소비시켜서 농민들에게도 도움이 되고, 또 고객들도 일반 빵보다는 훨씬 건강식이니 모두가 반길 수 있는 사업 아이템이라고 생각했다.

카페베네의 명성을 이어갈 세컨드 브랜드인 만큼 카페시루는 1여 년의 긴 시간 동안 10억 원 이상의 자금이 투입된 대대적인 프로젝트였다. 공장 설비를 비롯하여 메뉴 개발, 매장 디자인, 유통 시스템 전략 등 새 브랜드 출시에 관련한 모든 작업이 순조롭게 진행되었다. 그러나 카페시루는 런칭을 목전에 두고 '폐기처분'되고 만다. 이유는 단순했다. '카페시루가 카페베네와 경쟁할 수도 있다'는 가능성 때문이었다.

우리는 스타트 총성만 울리면 출발을 할 만반의 준비를 하고는 여느 때처럼 카페시루의 성공적인 런칭을 위한 점검 회의를 했다. 그날 토론 주제는 '카페시루를 소비자에게 어떻게 인식시킬 것인가'였다. 즉, 카페시루를 소비자에게 '카페'로 인식시킬 것인지, '떡집'으로 인식시킬 것인지를 두고 다양한 의견을 주고받으며 토론을 했다. 그러던 중 한 임원의 의견에 나는 뒤통수를 얻어맞은 듯 강한 충격에 빠지게 된다.

"매출 측면에서는 카페시루를 '카페'라고 인식해야 승산이 있습니다. 떡 수요보다는 커피나 차 종류의 수요가 많기 때문이죠. 하지만 카페시루를 '카페'라고 인식시키는 순간 카페베네와 고객층이 충돌할 위험이 있습니다."

그랬다! 나는 지금껏 가장 중요한 것을 간과하고 있었다. 나는 아무 대답도 하지 못한 채 눈을 감고 한 가지 영상을 시뮬레이션하기 시작했다. 고객의 입장이 되어 카페베네와 카페시루를 바라본 것이다.

"우리 차 마시러 가자." "그래. 근데 어디로 가지? 카페베네?" "카페시루는 어때? 거긴 떡도 있어."

상상이 여기까지 미치자 고개를 내저었다. 고객이 카페베네와 카페시루를 두고 고민을 시작하는 순간 이미 카페시루와 카페베네의 경쟁은 피할 수 없는 일이 된다. 물론 법률적으로는 전혀 상관없다. 아이템도 서로가 중복되지 않는다. 다만, 현실적으로 보면 고객을 두고 카페베네와 카페시루가 서로 경합할 수도 있다는 것이 가장 큰 고민거리였다.

며칠 뒤, 나는 '카페시루' 사업을 전면 폐기한다고 발표했다. 그간 투입된 비용과 시간이 속이 쓰리도록 아까웠다. 그것 때문에 카페시루를 쥐고 있을 수는 없었다. 카페베네의 가맹점주들에게 악영향을 줄 수도 있는 결정이라면 그보다 더 큰 손해가 있더라도 포기하는 것이 옳았다.

프랜차이즈 사업가인 나는 가맹점주를 보호할 책임이 있다. 타사로부터의 도전에 회사가 나서서 경쟁력을 키워주고 보호해 주어도 모자랄 마당에 유사 브랜드를 런칭하는 것은 있을 수 없는 일이다. 회사 입장에서야 유사 브랜드가 있으면 관리가 편하고 재료를 대량 구매하여 제품의 원가도 낮출 수 있다는 장점이 있다. 하지만 그것은 본사만 살고 가맹점은 죽든 말든 상관하지 않겠다는 고약한 심사이다. 본사와 가맹점이 함께 윈-윈하는 방법을 고민해야 하는 것이 프랜차이즈 기업의 본분이다. 나는 내 주머니를 채우려고 본분을 저버리는 일을 할 수는 없었다.

"말도 안 됩니다. 브랜드 출시를 코앞에 두고 전면 폐기라뇨?"

예상대로 반발이 거셌다. 그들은 일부 프랜차이즈 회사의 예를 들며 나를 설득하려 했다. 며칠을 나에게 찾아와서 폐기 철회를 요청했다.

"한 회사가 유사한 콘셉트의 브랜드를 여럿 내놓고, 심지어 상권 보호조차 하지 않아도 장사가 잘되니 너도나도 가맹점하겠다고 나서지 않습니까? 장사만 잘된다면 결국엔 가맹점들도 별소리 못합니다. 게다가 다른 회사들도 다 그렇게 하는데요. 우리만 원칙이라는 걸 지킬 이유가 있습니까?"

"두 브랜드는 콘셉트가 서로 다르다 해도 결국엔 '카페'라는 점에서 시장이 겹칠 가능성이 있습니다. '전통 떡+차' '커피+와플'이 각각의 주력 상품이긴 하지만 소비자로서는 둘 다 똑같이 사람들을 만나고 차를 마시는 카페이지요. 그걸 인지한 이상 정지시켜야 합니다.”

사실 처음부터 이 두 가지 콘셉트가 겹친다는 것을 인지하지 못했던 것을 보면 실제로 시장에 나왔을 때 그 충돌 정도가 미미한 수준일지도 모른다. ‘전통 떡+차’와 ‘커피+와플’에 대한 호불호가 분명한 고객이라면 고민할 필요도 없이 자신이 선호하는 매장으로 갈 것이다. 게다가 ‘전통 떡+차’를 선호하는 고객들을 새롭게 창출할 수 있다는 장점도 분명히 있었다. 하지만 어느 것이든 상관없는 고객이라면 분명히 이 두 매장 사이에서 고민할 수밖에 없다. 비록 100명의 고객 중 단 10명에 불과한 수치라 하더라도 그런 상황을 만들어서는 안 된다는 판단을 했다.

하지만 브랜드 런칭을 준비하며 가장 중요한 ‘소비자의 시각’으로 바라보는 것을 놓친 대가는 생각보다 컸다. 1년 가까이 카페시루를 준비하며 투입된 돈, 시간, 인력이 모두 물거품이 되었다. 게다가 그것을 함께 준비해온 사람들은 한동안 깊은 상실감에 빠졌다. 나는 이 모든 것에 책임을 느끼며 또 한 번 반성하게 되었다.

여러 컨설팅 회사의 도움을 받으며 준비한 아이템이었다. 하지만 CEO인 나는 그들보다 더 넓은 시야를 가지고 판을 바라보아야 했다. 모두가 경영자의 시각으로 그것의 사업성만을 따질 때 한 번쯤은 소비자가 되어 갈등의 순간을 시뮬레이션해보았어야 했다. 특히 그것이 평소 나의 소신과 관련된 판단이라면 더욱 신중했어야 했다. 비싼 수업료를 지급해야 했지만 나는 여전히 그때의 내 판단이 옳았다고 믿는다.

“절대 포기하지 마라.”

윈스턴 처칠의 말처럼 우리에게는 절대 포기하지 말아야 할 것들이 많
다. 특히 꿈을 정하고 목표를 정했으면 중간에 포기함 없이 나아가야 한
다. 하지만 그 목표가 적절치 못하거나 평소 자신의 신념과 맞지 않다면
'아름다운 포기'를 선택할 수 있는 용기도 필요하다.

사업가가 장사꾼이 되지 않기 위해서는
돈보다 우선으로
여겨야 할 것들이 있음을 분명하게 알아야 한다.

특히 함께하는 모든 이와의
신의를 지키며
모두의 이익을 위해 나아가야 한다.

# 돈을 좇을 것인가,
# 가치를 좇을 것인가

"아버지, 돈은 좋은 거예요? 나쁜 거예요?"

어린 아들의 갑작스러운 질문에 아버지는 한참 동안 생각에 잠겼다. 그리고는 유리조각을 가져와 보여주었다.

"이 유리조각을 통해 세상을 바라보렴. 뭐가 보이니?"

"다른 사람들이 보여요."

아버지는 유리조각의 한 면에 은을 칠하여 거울을 만들었다.

"이번에는 이것으로 세상을 보렴. 뭐가 보이니?"

"제 얼굴만 보여요."

"그게 바로 돈이 지닌 위험이란다. 돈에 대한 지나친 욕심은 너 자신만을 보게 한단다."

유대인들 사이에 전해지는 이 이야기는 '돈'에 대한 위험을 경고하고 있다. 돈을 향한 지나친 집착은 탐욕을 부르고 탐욕은 타인에게 해를 끼치고 결국엔 자신을 파멸로 몰아넣는다.

'성공=돈'이라는 위험한 공식을 믿는 사람들이 있다. 심지어는 '행복=돈'이라는 공식을 믿는 사람들도 있다. 20년이 넘는 세월을 가난과 결핍 속에 살았던 나이기에 그들의 심리를 이해 못 하는 것도 아니다. 게다가 돈의 위력에 대해 부정하는 것도 아니다. 돈으로 모든 것을 해결할 수는 없지만 적어도 많은 것을 이룰 수 있다는 것도 잘 안다. 그럼에도 나는 돈을 항상 경계한다. 그것을 가까이하려 할수록 탐욕도 함께 가까워지기 때문이다.

중국 고대의 철학자인 노자가 쓴 『도덕경』에서 다음과 같이 말했다.

"죄악 중에서 탐욕보다 더 큰 죄악은 없고 재앙 중에서 만족할 줄 모르는 것보다 더 큰 재앙이 없으며 허물 중에서 욕망을 다 채우려는 것보다 더 큰 허물은 없다."

나는 사업가의 길로 들어선 이후 '도전'과 '선택'을 계속해왔다. 하나의 사업 아이템이 안정 궤도에 접어들 즈음 또다시 새로운 아이템을 준비한다. 그런데 언젠가부터 외줄 타기와도 같이 아슬아슬하고 불안한 '선택'을 하며 그것에 도전하고 있다.

카페베네 이후 아직 미개척된 영역만을 골라 덤벼들고 있다. 쉬운 길이 있는데도 더 안전한 길이 있는데도 굳이 불확실한 도전을 이어가는 데는 내 나름의 신념과 철학이 있다. 내가 카페베네를 성공한 이후 이탈리안 레스토랑인 '블랙스미스'를 런칭할 때 많은 사람이 왜 한식이 아니냐며 의아해했다. 나는 한식 프랜차이즈 사업에서 이미 두 번의 큰 성공을 거두었고 그 과정에서 누구보다도 많은 경험과 역량을 쌓았다. 나의 경험과 역량을 살린다면 이탈리안 레스토랑보다는 한식 쪽이 훨씬 더 성공을 거두기가 쉬울 것이다. 그럼에도 내가 다시 한식 사업에 손을 대지 않는 것은 "그 길이 과연 옳은 길인가?"라는 스스로에 대한 끝없는 질문에 대한 답이었다.

과거를 돌이켜봐도 이런 주장을 쉽게 수긍할 수 있다. 내가 지난 2000년도에 삼겹살로 성공하자 와인 숙성을 한 삼겹살이니, 솥뚜껑 삼겹살이니 하면서 수많은 삼겹살 체인점들이 우후죽순으로 생겨났다. 그리고 묵은지감자탕이 성공하니까 마찬가지로 각종 묵은지가 등장했다. 그만큼 외식시장은 경쟁이 너무 치열한 시장이다.

이렇게 춘추전국시대를 방불케 하는 외식시장에서도 위기의 순간을 극복하고 사업을 이끌어가는 몇몇 CEO들이 있다. 그중에서 나는 원할머니보쌈의 박천희 대표를 존경한다. 그분을 만나서 이야기하면 그 내공을 경험할 수 있다. 맛있는 보쌈을 만들기 위해 얼마나 많은 노력을 했는지를 알려준다. 말 그대로 장인정신이 있는 기업가이다. 그리고 또 한 분이 있다. 미스터피자의 정우현 회장도 참 대단한 분이다. 그분은 공정거래위원장을 만난 자리에서 당당하게 말씀을 하셨다.

"위원장님! 우리 미스터피자 가맹점은 단 한 곳도 폐업한 곳이 없습니다. 정부에서 프랜차이즈 사업을 많이 도와주셔야 합니다."

그만큼 많은 프랜차이즈 본사들이 가맹점과의 상생을 위해 노력한다는 방증이다. 나는 경기가 좋지 않은 때 가맹점의 수익을 위해 노력하는 그분의 모습에서 다시 한 번 신발 끈을 졸라매야 한다는 것을 새삼 깨달을 수밖에 없었다. 그분들은 레드오션인 외식업 시장에서 어찌 보면 고군분투를 하는 중이다. 이런 사정을 잘 아는 나로서는 카페베네의 세컨드 브랜드 아이템을 결정할 때 업종을 놓고 많은 고민을 할 수밖에 없었다. 사실 성공을 경험한 적이 있던 한식시장에 다시 뛰어들 수도 있었다. 하지만 그것은 가뜩이나 치열한 경쟁 때문에 힘들어하는 한식 사업자들에게 한숨과 눈물을 보태주는 일이 될 수도 있다. 이미 시장이 형성되고 구도가 형성되어 있다. 그런데 더 많은 돈을 벌기 위해서 그곳에 들어가는 것은 다른 이의 것을 빼앗아 내 배를 불리겠다는 '탐욕'이다.

장사든 사업이든 나름의 지켜야 할 '정도正道'가 있다. 이러한 정도를 벗어난 사업 확장은 하지 않는다는 것이 확고한 사업적 기준이다. 성공은 상생을 추구할 때 가능한 것이다. 단기적인 이익을 좇는 것은 미래를 포기하는 것이나 다름없다.

혹자는 내가 이미 포화상태가 된 커피 시장에 뛰어든 것이 앞서 말한 '탐욕'과는 어찌 다른가를 물을 수도 있다. 하지만 내가 카페베네를 만든 것은 결코 탐욕 때문이 아니다. 나는 기존의 것들을 빼앗는 것이 아닌 시장을 키우면서 사업을 확장했다. 실제로 카페베네가 탄생하기 3년 전 2000년대 중반부터 커피시장은 이미 포화상태라는 평가를 받고 있었다. 하지만 업계추산으로 볼 때 현재 커피 전문점 매장 수는 그때의 4배로 성장해 있다. 카페베네는 모두가 더 이상은 성장할 수 없고 함께 죽을 수 있다던 시장에 뛰어들어 판을 키움으로써 모두가 함께 사는 길을 열었다.

당시 일부에서는 카페베네의 저돌적인 매장 확장 전략에 대해 우려의 목소리가 높았다. 그중 나에 대한 염려의 말도 들려왔다. 요즘 말로 '먹튀' 할 생각이 아니냐는 것이다. 브랜드 몸값을 올리기 위해 가맹점을 무분별하게 확장한 후 돈을 받고 넘기는 일부 악덕 프랜차이즈 사업가와 나를 비교하는 것에 기분이 몹시 상했다. 하지만 나는 그저 웃고 말았다. 굳이 그들의 오해를 풀어주기 위해 이런저런 말을 늘어놓을 필요가 없었다. 버젓이 현실에서 그런 일이 일어나고 있고 그 때문에 선의의 피해자가 생기고 있으니 안타깝기도 했다. 내가 할 수 있는 것은 그저 묵묵히 행동으로 보여주는 것밖엔 없다는 생각이 들었다.

돈이 목적이었다면 그동안 내가 큰돈을 벌 수 있었던 기회는 많았다. 나는 카페베네를 하면서 유사 음료의 브랜드 런칭이나 인수 제의를 받은 적이 많았지만 한 번도 흔들리지 않았다. 기껏해야 메뉴 몇 가지와 브랜드 네임과 매장 디자인만 다를 뿐이지 결국엔 카페베네를 위협하는 존재가 될 것이 분명하기 때문이다. 제아무리 대장장이라도 내 자식을 해할 칼을 만드는 부모는 없다.

한편, 카페베네의 M&A 제안도 많았다. 심지어 글로벌 브랜드에서도 나에게 그런 제안을 해왔다. 하지만 나는 당당히 그것들을 거절해왔다. 그 제안을 수락했다면 큰돈을 쥘 수 있었을 것이다. 그런데 과연 그 큰돈이 나에게 어떤 의미가 있을까를 생각하면 답은 분명해진다.

한번은 좋은 조건으로 땅이 나왔다며 사들이지 않겠느냐는 제안이 들어왔다. 시세보다 3분의 1 수준의 가격이니 그냥 가지고만 있어도 돈이 되는 땅이었다. 회사에 현금은 있었다. 하지만 정작 땅에 관심이 없었다. 그렇게 넓은 땅은 필요하지 않다고 거절 의사를 밝혔다. 귀가 솔깃할 만한 제안을 단박에 거절한 것은 그 땅이 우리 회사의 목적과 맞지 않기 때문이다. 카페베네는 커피 전문점 프랜차이즈 회사다. 가맹점 개설과 지원이 본질인 회사에서 단순히 금전적 차익을 얻기 위해 넓은 땅을 산다는 것이 말이 되는가. 게다가 그 돈이면 블랙스미스 직영점 몇 개를 차리고도 남을 일이다.

나는 항상 카페베네의 생존과 발전을 위한 전략을 세우고 경영적 판단을 한나. 개인의 이익을 챙기려다 망신을 당하는 사람들을 타산지석으로 삼으며 아주 작은 것이라도 '내 것'을 만들지 않으려고 노력한다. 우리 회사는 직원 한 명당 1개의 카페베네 매장 운영을 허용하고 있다. 현재 카페베네 임직원 가운데 10여 명이 본인 명의의 매장을 운영하고 있다.

그런데 여기에 내 명의의 매장은 없다. 회사가 운영하는 직영점(카페베네, 블랙스미스) 50군데가 있을 뿐이다. 나 개인의 재산으로 매장을 운영하는 것이 도덕적으로 문제가 생기는 일은 아니다. 하지만 나는 회사의 CEO가 자신의 열정과 시간을 개인 명의의 회사나 매장을 위해 낭비해서는 안 된다고 생각한다. 그것은 결국엔 회사에 피해를 주고, 우리 회사와 함께 나아가는 수많은 파트너들을 한숨 쉬게 하는 일이기 때문이다.

사업가가 장사꾼이 되지 않기 위해서는 돈보다 우선으로 여겨야 할 것들이 있음을 분명하게 알아야 한다. 특히 나와 함께하는 모든 이와의 신의를 지키며 혼자의 이익이 아닌 모두의 이익을 위해 나아가야 한다. 그러기 위해서는 '하지 말아야 할 것' '해서는 안 되는 것'에 대해 명확한 기준이 정립되어 있어야 한다. 감사하게도 이러한 나의 신념과 가치를 카페베네의 모든 구성원이 공유하고 따르고 있다. 심지어 이제 갓 입사한 신입사원조차도 소통을 통해 이러한 것들을 공유하고 공감해 나가고 있다.

나는 매주 월요일 화상회의를 통해서 이러한 메시지들을 서로에게 전달하고 함께 공유한다. 또 간담회를 통해서 직접 직원들과 소통을 하며 우리가 함께 지켜나가야 할 기업의 가치와 신념 등에 관한 이야기를 나눈다.

돈이 목적이 아닌 진정한 가치를 위해 나아갈 때 스스로 떳떳하고 당당할 수 있다. 물론 사람이 하는 일이다 보니 미처 인지하지 못한 상태에서 저지르는 실수가 있을지도 모른다. 하지만 인지된 상태에서는 그 어떤 경우에도 불합리한 일을 할 수가 없다. 이것이 우리 카페베네 전 구성원의 자긍심이자 우리를 계속 전진하게 하는 힘의 원천이다.

# 3장

# 힘이 들어야 진짜 힘이 생긴다

왜 우리는 힘들어서 안 된다고
생각하는 것을 그들은 하고 있습니까?
힘이 들어야 힘이 생깁니다.

그렇게 힘들게 얻은 힘이야말로
그 누구두 따라 할 수 없는
우리만의 경쟁력이 됩니다.

'되는 사업'이란
레드오션에서 '차이'를 만드는 것에 있다.

고객의 요구를
충분히 파악해 적극 반영하면서
기존 업체와 '작은 차이'를 만든다면
새로운 수요 창출이 가능하다.

# 레드오션은
## 없다

2005년 초겨울, 나는 캐나다 밴쿠버의 키칠라노 해변에 있는 벤치에서 오랜만에 여유를 즐기고 있었다. 캐나다 밴쿠버는 자연환경이 워낙 뛰어난 도시였기에 어디를 둘러봐도 아름다운 풍경이었다. 그중에서 나는 키칠라노 해변을 좋아했다. 주위를 돌아보면 많은 사람이 바닷바람을 온몸으로 맞으며 조깅과 산책을 즐기고 있었다.

파도에 밀려 해변 여기저기에 널려 있는 커다란 통나무는 사람들에게 자신의 몸뚱어리를 빌려주며 잠깐의 휴식을 제공해준다. 보기만 해도 여유가 한껏 느껴지는 풍경이었다. 이 풍경에서 시선을 돌려 바라본 바다 위에서는 큰 배가 짐을 싣고 있었다. 여유로운 해변의 정취와는 달리 바쁘게 일상을 보내는 광경이었다. 한 공간에서 여유와 분주함이 공존하는 모습을 보고 있으니 기분이 묘했다. 바닷가의 여유로움을 즐기는 나에게 어서 빨리 일의 공간으로 돌아가라는 신호처럼 느껴지기도 했다. 바다 건너편의 광경은 여유와 바쁨이 만들어낸 창조물이 웅장하게 서 있다. 그곳은 밴쿠버 갑부들만 살고 있다는 웨스트밴쿠버이다. 산자락에 계단처럼 펼쳐진 거대한 주택들과 그 옆으로 펼쳐진 고층 빌딩 숲은 한편의 파노라마 필름처럼 눈앞에 펼쳐져 있다. 그곳은 마치 내가 뛰어들어 치열한 경쟁을 펼쳐야만 하는 생존의 공간으로 보이기도 했다.

나는 그곳에서 내 인생을 송두리째 바꿔버린 작은 공간을 만났다. 해변 귀퉁이에 있던 작은 커피숍이다. 그다지 유명한 브랜드의 커피숍이 아니었음에도 손님들로 북적이던 곳이다. 바깥의 쌀쌀한 초겨울 날씨와는 달리 문을 열고 들어선 내부는 따뜻한 커피향기로 가득했다. 그리고 원두를 분쇄하는 커피머신의 기계 소리, 우유 거품을 내는 동안 들리는 "삐삐"와 같은 소리, 주문하려고 기다리는 동안 떠드는 손님들의 수다 소리, 또 주인을 따라 들어온 강아지가 멍멍 짖는 소리까지 작은 공간에서 들리는 소리의 합주는 오케스트라의 연주와 다를 게 없었다. 그저 시끄러운 소리가 아니라 역동적인 느낌마저 들게 하는 커피숍 내부의 갖가지 소리는 묘하게도 나에게 편안함을 가져다주었다. 게다가 환상적인 거품이 깃든 카푸치노 한 잔의 커피 향기는 사업으로 분주했던 내 삶의 작은 보상으로 충분했다. 그런데 그곳을 떠난 뒤에도 커피 향기는 코끝에서 사라지지 않고 계속 나를 자극했다. 나는 여유로웠던 해변의 여운이 채 가시기도 전에 또 다른 욕구를 느낄 수 있었다. 커피향기와 듣기 좋은 소리들로 가득했던 커피숍의 첫 경험에서 커피사업의 가능성을 직감적으로 깨달았던 것이다.

나는 키칠라노 해변으로부터 내 집이 있는 15분 거리의 아버터스 Arbutus까지 오는 동안 점점 들뜬 기분으로 운전했다. 그리고 새로운 사업에 대한 갈증은 아담한 2층짜리 단독주택의 작은 정원에 들어설 때까지 이어졌다. 커피 한 모금으로 느낄 수 있었던 커피 향은 끝내 그날 밤을 하얗게 지새우게 만들었다. 새로운 사업아이템이자 그동안 꿈꿨던 글로벌 아이템이 될 수 있는 것을 찾았다는 생각에 두근거리는 가슴을 좀처럼 진정시킬 수 없었다. 20대 후반부터 키워온 사업만큼이나 개인적인 꿈도 점점 커져만 갔다. 언젠가 세계 시장에 이바지할 수 있는 산업을 일구고 싶었다. 아니, 구체적으로 말하면 나는 글로벌 브랜드를 경영하고 싶었다. 그런데 이 꿈을 이룰 수 있는 아이템을 찾은 것이다. 흥분으로 밤을 지새운 나는 다음날부터 인생의 목표를 발견한 소년처럼 들뜬 마음으로 밴쿠버 4번가, 10번가, 그리고 다운타운을 돌아보며 크고 작은 커피숍들을 미친 듯 찾아다니기 시작했다.

그로부터 7년이 지난 지금, 가끔 나는 "대한민국에서 나만큼 커피와의 특별한 인연이 있는 사람이 있을까?"라는 생각을 한다. 커피 전문점 매장이 850여 개가 넘었다. 국내 최초로 브라질 커피 농장과 재배계약을 했다. 또 글로벌브랜드로 도약을 위해 뉴욕 맨해튼에 도전장을 던지고 곧바로 중국과 사우디아라비아에 진출하고 있다. 지금도 한 달에 한번 꼴로 외국에 나간다. 자카르타의 쓴 레귤러 커피 맛, 로마의 부드러운 카페라테를 경험하며 우리들의 커피문화, 한국의 사랑방 문화를 적극 알려나가고 있다. 세계 곳곳의 커피를 마시는 나는 지금도 기억난다. 키칠라노 해변에서 마셨던 카푸치노. 돌이켜보면 그 커피는 어쩌면 나와 운명적인 만남이 아니었을까?

"우리 커피 한잔할까?"

우리는 마음을 열고 진솔한 이야기를 나누고 싶을 때 상대에게 '커피'를 마시자고 한다. 그래서 커피 전문점은 커피를 파는 공간을 넘어 사람과 사람이 소통하는 곳이다. 함께 앉은 사람과 좋은 일을 나누면 즐거움과 기쁨은 더 커지고 나쁜 일을 나누면 슬픔과 화가 잦아든다. 걱정을 나누면 뜻밖에 그 자리에서 쉽게 해답이 보이기도 한다. 커피 전문점은 소비가 이뤄지는 상업공간임에도 그곳을 찾은 사람들은 서로 긍정적 에너지를 나누고 휴식과 낭만까지 얻어간다.

내 인생 최고의 도전이자 승부수가 될 사업 아이템을 선정하는 일이기에 최대한 신중을 기했다. 귀국한 후 나는 우선 꼼꼼하게 시장 조사를 시작했다. 예상했던 대로 걸림돌이 한둘이 아니었다. 특히 우리와는 비교도 되지 않는 자본력과 덩치를 갖춘 대기업들도 커피사업을 많이 하고 있었다.

거대한 공룡들이 버티고 있던 당시 커피 전문점 시장은 이미 포화상태에 이르렀다. 2008년만 하더라도 스타벅스는 250개 직영매장을 보유하고 있었고 커피빈도 153개나 되었다. 이처럼 두 개의 세계적 상표가 확실하게 국내 커피시장을 선점하고 있었던 것이다.

"국내 대형 커피점들의 경쟁이 심화하면서 중심상권은 이미 포화상태에 이르렀다."

보도된 당시 2008년 1월 20일 자 한국경제매거진의 기사처럼 누가 봐도 경쟁의 피로 물든 레드오션이었다. 후발주자인 나는 그들과 비교해 자본력이나 인력 등에서 나은 것이라곤 거의 없는 일개 중소기업이었다. 뛰어들기엔 여러 가지로 불리한 상황이었다. 그럼에도 나는 미국에서 발견한 커피 전문점의 가능성을 놓치지 않았다.

뉴욕의 중심가마다 스타벅스가 있었다. 하지만 그 사이에는 비록 규모는 작지만 나름의 필살기를 갖춘 커피 전문점들이 어깨를 나란히 하고 있었다. 그들은 수준 높은 블렌딩, 세련되고 개성 있는 디자인, 특색 있는 사이드 메뉴 등으로 이미 영역을 굳히고 있었다. 스타벅스에 대항하는 그들의 경쟁력은 바로 '차이'에 있있던 섯이다. 나는 그 커피 전문점들을 보며 '나도 할 수 있다'는 자신감을 얻었다. '차이'를 가지고 '틈새'를 노리는 것! 그것이 바로 해답이었다.

그들이 아무리 거대한 골리앗이라고 하더라도 차이점을 만든다면 두려워할 필요가 없다는 생각이 들었다. 나는 본격적으로 국내 커피 전문점의 매장 구성, 직원 서비스, 메뉴 종류에 대해 분석하기 시작했다. 어떻게든 기존 업체와의 차별화가 될 만한 것을 찾아야 했다.

나는 일하는 짬짬이 국내 유명 커피 전문점들을 탐방했다. 그런데 뜻밖에 해답은 쉽게 나왔다. 고객의 눈으로 바라보니 부족한 점들이 눈에 쏙 들어오는 것이었다. 당시 국내 최고의 시장을 점유하고 있던 유명 커피 전문점만 하더라도 메뉴가 너무나 단순했다. 커피 위주의 음료만으로 메뉴판이 채워져 있었다. 다른 곳도 마찬가지였다. 커피 전문점이니 커피만으로 메뉴를 구성하는 것이 당연한 것이 아니냐고 생각할 수도 있겠지만 내 생각은 달랐다. 커피를 마시지 않거나 좋아하지 않은 사람도 일행과 함께 커피 전문점에 올 수 있다. 그들을 위한 사이드 메뉴가 필요했다.

또 커피를 비롯한 음료 메뉴도 더 다양하게 구성할 필요가 있었다. 물론 메뉴가 많다고 해서 무조건 좋은 것은 아니다. 하지만 최소한 다른 경쟁업체와 차별성을 가질 만한 대표 메뉴들은 갖춰두어야 한다는 생각이 들었다. 내가 10년 동안 3개 브랜드의 프랜차이즈 사업을 성공한 비결이기도 했다.

내가 커피 사업에 대한 나의 판단을 이야기했을 때 많은 사람이 염려의 목소리를 높였다. 그들은 왜 하필이면 포화상태가 된 레드오션으로 들어가느냐, 무한 경쟁시대에서 성공의 키는 레드오션이 아닌 블루오션에 있다고 했다. 하지만 내 생각은 달랐다. 레드오션, 블루오션의 구분은 더이상 의미가 없다. 완전히 새로운 것을 창조하는 것은 기존 경쟁 시장에서 살아남는 것만큼이나 힘든 일이다. 게다가 새로운 것을 창조하는 데 성공한다고 해도 시간이 지나면 그것은 더는 새로운 것이 아니게 된다. 그때마다 새로운 블루오션을 찾아 나설 수는 없는 일 아닌가.

'되는 사업'이란 레드오션에서 '차이'를 만드는 것에 있다. 고객의 요구를 충분히 파악해 적극 반영하면서 기존 업체와 '작은 차이'를 만든다면 레드오션에서의 치열한 경쟁을 통한 나눠 먹기가 아닌 새로운 수요 창출이 가능하다. 즉, 아예 시장 규모 자체를 늘리는 것이다.

더군다나 당시는 베이비붐 세대들이 은퇴를 시작하고 있었던 시기였다. 자금을 가진 이들이 노후를 위해 사업을 하고 싶어 하는데 기존 커피 전문점은 대기업이 직영으로 운영하고 있었기에 가맹점을 할 수가 없었다. 그들을 타깃으로 한 시장 또한 새롭게 창출할 필요가 있었다. 나는 나의 판단을 믿으며 커피사업부를 출범시켜 마침내 2008년 4월 프랜차이즈 커피 전문점 카페베네 1호점을 열었다.

나는 계약을 뒤로 미루고
1주일 이상을 고민하다가
결국 강남을 포기했다.
그리고 천호동을 선택했다.

이곳에서
성공 매장을 만들지 못한다면
커피 프랜차이즈 사업은 할 수 없다.

# 02

# 천호동 1호점에서
## 1,000호점까지

카페베네 1호점은 강동구 천호동 로데오거리 중간쯤에 매장평수 70평을 임차하여 공사를 진행했다. 로데오 입구에 경쟁 브랜드들이 있었지만 상관하지 않았다. 처음부터 그들과의 경쟁에서는 승산이 있다는 생각이 있었기 때문이다.

그런데 애초에 거론됐던 1호점 위치는 사실 천호동이 아니었다. 처음에는 대한민국 최고의 상권 중 하나인 강남역 인근에 출사표를 던지고 싶었다. 첫 1호점이기에 누구나 그러하듯 역동적이고 화려한 곳이자 서울에서 가장 트렌드가 빨리 변하는 강남역에 열고 싶은 것은 인지상정 아닌가. 그래서 서울 중심 상권인 강남역에 점포계약을 추진했다. 권리금만 수억 원을 주고 권리 계약까지 마쳤던 것이다. 그 점포는 유통업을 하는 자리로서 강남 중심 상권에 있었기에 커피전문점을 하기에는 최고의 명당이었다.

드디어 건물 계약을 위해 건물주와 미팅하는 날, 나는 예상치 못한 황당한 이야기를 듣는다. 건물주가 임대료가 50평에 5,000만 원이라는 말부터 꺼냈다. 그 내용은 이미 알고 있었던 터라 놀라지 않았다. 게다가 그 내용으로 현재 임차인과 권리계약을 했으니 전혀 새로운 게 아니었다. 문제는 그다음의 내용이었다.

"계약기간은 1년이고 임대료를 매년 15퍼센트씩 인상해주어야 합니다."

당혹스러웠다. 매장은 50평인데 임대료를 매년 15퍼센트나 인상하라니! 평수를 고려해서 좌석을 100석으로 가정하고 계산해보면 도저히 답이 안 나왔다. 좌석당 평균매출 3,000원에 한 테이블당 5회전을 한다고 보자. 강남이라 최고의 회전율을 고려한 것이다. 그럼 일일 예상매출은 150만 원, 월 4,500만 원, 기본손실금액이 월 2,000만 원 등 머릿속에서 떠오르는 숫자는 빨간불이었다. 샘플 매장이기에 어느 정도 운영손실은 예상했지만 매년 손실금을 더 부담하라니 기운이 빠질 수밖에 없었다. 그러나 서울 상권의 노른자인 강남역을 쉽게 포기할 수도 없는 노릇이었다.

나는 외식사업을 10년 넘게 하면서 매장 평수가 몇 평이면 매출이 얼마일 것이라고 곧바로 예상 매출을 산출하는 습관이 있기에 강남역 매장도 바로 계산이 나왔다. 그리 큰 이익을 얻을 수 있는 매장은 아니었다. 하지만 카페베네의 첫걸음을 떼는 1호점, 세계적 브랜드와의 경쟁, 대한민국 최고의 상권에 입점한다는 상징성 등 프랜차이즈 사업을 위해서 중요한 요소들이 있어 손실이 있더라도 계약을 하려 했던 것이다. 그러나 매년

15퍼센트씩 임대료를 인상해야 한다는 말을 듣고 본 계약 서명을 잠시 연기해달라고 했다.

나는 계약을 뒤로 미루고 1주일 이상을 고민하다가 결국 강남을 포기했다. 그리고 천호동을 선택했다. 당시 나는 다시 각오를 다졌다. 이곳에서 성공 매장을 만들지 못한다면 커피 프랜차이즈 사업은 근본적으로 할 수 없다고 봤다. 서울 시내, 아니 전국의 도시에 천호동 로데오 거리보다 좋거나 비슷한 상권이 과연 몇 개일까? 물론 좋은 상권도 많지만 대부분 이보다 못한 상권이 훨씬 많다. 다시 말해 이곳에서 실패한다면 카페베네 커피 프랜차이스 사업은 실패한다는 것이다. 나는 그런 비장한 마음으로 매장을 결정하고 드디어 공사에 들어갔다.

매장을 공사할 때는 도로 앞을 지나가는 사람들의 안전도 지키고 매장 광고도 할 겸 매장 앞에 가설 펜스를 설치하고 앞면에는 브랜드 광고를 붙였다. 공사가 본격적으로 시작되고 펜스 광고판이 부착되니 지나가는 사람들이 한마디씩 했다. 그런데 그 말이 나의 가슴을 마구 찔러댔다.

"여기 커피 빈 짝퉁 들어오네?"

하루에도 수십 명씩 커피 빈 짝퉁이라는 이야기를 하며 지나갔다. 난 그 말을 듣고 후회를 엄청나게 했다.

"왜 내가 카페베네로 브랜드 이름을 만들었지? 그리고 어떻게 '베네'가 '빈'으로 발음이 되지? 이거 도대체 어떻게 해야 하나?"

그러나 이미 돌이킬 수 없다. 커피 머그잔, 젤라또 케이스, 와플 접시 등이 발주가 완료되어 벌써 브랜드 네임이 인쇄도 되었다. 이런 상황에서 브랜드 네임을 수정한다는 것은 쉽지 않은 일이었다. 커피 전문점 프랜차이즈 사업의 첫걸음을 떼는 순간부터 뭔가 불안하기 시작했다.

짝퉁이라는 소리를 듣기 싫어 처음에는 카페베네 간판 컬러를 커피 빈과 다르게 빨강을 넣었다. 그랬더니 촌스러웠다. 이번엔 간판 앞에 RA를 부착한 간판을 만들었다. "RA CAFFE BENE"였다. 매장 앞에서 내가 봐도 커피 빈의 짝퉁이라는 이야기는 나오지 않을 만큼 확실하게 차별화를 했던 것이다. 그런데 이겐 웬일인가? 매장을 개점했는데 고객들이 들어오지 않는 것이다. 120개 정도의 좌석에 고객은 고작 20여 명에 불과했다. 그렇다고 해서 거리가 한산했던 것도 아니었다. 밖을 내다보니 무슨 젊은 사람들이 그리 많던지…….

도로는 인산인해로 사람들이 몰려다녔다. 주변의 경쟁업체 커피점도 사람이 앉을 자리가 없다. 앞 가게는 화장품 판매점인데 길거리 앞에서 매장에 들어오기만 해도 기념품을 준다며 고객들을 유인하니 손님들이 바글바글했다. 그 가게뿐만 아니라 모든 점포에 손님들로 넘쳐 났다. 유독 카페베네만 손님이 없었던 것이다. 카페베네만 빼고 지하층부터 2층까지 손님들로 북적댔다. 하물며 3층 점포에도 손님들이 많았다. 그러니 나는 초긴장을 할 수밖에 없었다.

"도대체 무슨 일일까? 설마 카페라는 글씨 때문에 커피가 없는 줄 착각하는 게 아닐까? 브랜드명을 '카페베네'를 '커피베네'로 변경해야 하나? 설마 내 운이 다했나?"

답답한 마음에 별별 생각을 다 했다. 하지만 당장 실행에 옮기기에는 불안했다. 일단 마음을 가라앉히고 생각을 정리했다. 일단 앞집 화장품 가게의 이벤트 행사를 보고 나도 내일부터 오픈행사를 해야겠다고 결심하고 곧바로 사무실 마케팅팀에게 전화해 준비를 시켰다.

나는 다음 날 아침 8시에 곧바로 매장으로 출근했다. 그리고 흡연실에 앉아 노트북을 켰다. 담배를 피우진 않지만, 흡연실이 매장 입구에 있어서 손님 역할을 하기 위해 그곳에 앉았다. 그렇게 1시간 정도 지났을까? 이벤트 회사 직원들이 왔다. 매장 앞이 순식간에 어수선해진다. 스피커 설치를 하고 룰렛 같은 이벤트 행사 기계 등을 분주하게 설치했다.

드디어 우리도 오전 11시가 되자 행사를 진행하기 시작했다. 워낙 지나는 사람들이 많은 로데오 거리라서 이벤트 행사 호응도는 상당했다. 하지만 고객들은 이벤트에서 '꽝'이 나오면 그냥 가버렸다. '아메리카노 1잔 서비스'에 당첨되면 그제서야 매장으로 들어왔다. 그러니 매장 앞은 사람들로 북적거려도 정작 매장 안은 사람들이 별로 없어 여전히 썰렁했다. 그나마 저녁이 되자 매장다운 모습을 조금씩 볼 수 있었다. 그렇게 매장 안에 고객이 절반 정도 채워지니 매장에 온기를 느낄 수 있었다.

드디어 하루 정산하는 시간이 되었다. 아침 8시부터 새벽 2시까지 영업을 했다. 나도 온종일 매장에 있었다. 끼니도 제대로 챙기지 못해 배도 고팠다. 그리고 일기를 얼마나 많이 썼는지 모른다. 몇 페이지씩이나 채운 일기는 마치 앞으로 험난한 일정을 예고하는 것처럼 보였다. 아침부터 온종일 흡연실에 앉아서 다양한 시나리오를 정리하는 시간을 보낸 것이다. 매장 직원들은 정산하느라 정신이 없다.

나는 뒤편에서 정산하는 모습을 가슴 두근거리며 지켜보고 있었다. 그래도 명색이 회사 대표인데 막 출랑이면서 "얼마야?"라고 물어보기도 난감했던 것이다. 그렇게 하릴없이 정산하는 광경을 바라보고 있었는데 사업팀장이 와서 매출 금액을 이야기해주었다.

"대표님 73만 원입니다."

난 내 귀를 의심했다. 173만 원도 아니고 그냥 73만 원이라니. 전혀 예상하지 못한 금액이다. 73만 원이라는 이야기를 듣고 최악의 금액이라고 생각을 했다.

'오늘 이벤트 행사비만 100만 원이 넘게 들어갔는데……'

순간 많은 생각이 스쳐 갔다. 만약 여기가 감자탕집이었다면 토요일 매출은 무조건 400만 원 이상 판매를 하는 게 정상이었다. 그런데 고작 100만 원도 채우지 못했으니 앞이 캄캄했다. 하지만 처음이라 그럴 것으로 생각하고 다음 날을 다음 주를 기다렸다. 그러나 여전히 매출은 개선되지 않았다.

생각보다 매출이 오르지 않았다. 나는 매장 앞에서 고객들을 천천히 관찰하기 시작했다. 그런데 이상한 것을 발견했다. 고객들이 매장 앞까지 왔다가 간판을 보고 발길을 돌리는 게 아닌가. 그것도 하루에 수십 명이 말이다. 그때만 해도 나는 프랜차이즈 사업 경력이 10년 차였다. 그런 내가 봤을 때 신규 브랜드를 런칭하면서 매장 디자인과 메뉴를 차별화하면 경쟁력이 있기에 당연히 기본 매출은 나와야만 했다. 하지만 커피는 달랐다. 고객들은 브랜드를 선호하는 것이다. 커피는 필수 소비재가 아니고 기호식품이기에 고객들이 철저하게 브랜드를 선호했다.

아무리 내가 프랜차이즈 사업을 10년 넘게 해도 여전히 모르는 게 있었다. 그렇지만 지금이라도 문제의 핵심을 파악했다는 생각에 좌절보다 또다시 해결방안을 찾기 위해 몰두했다. 결국, 고객들이 찾는 브랜드를 만들어야만 했다. 그래서 배우 최수종 씨를 생각했다. 스타 마케팅을 생각한 것이다. 우리 같은 중소기업이 브랜드를 알릴 수 있는 가장 빠른 길은 스타 마케팅이었다.

나는 결심이 서자 그때 당시 드라마 「대조영」이 막 끝난 상태여서 인기가 최고였던 최수종 씨를 모델로 섭외하고 광고를 시작했다. 그리고 최수종 씨를 비롯한 개그맨 유세윤 씨 등 스타연예인들을 잇달아 섭외하여 매장에서 팬 사인회 등을 진행하며 매장 인지도를 높여갔다. 동시에 고객들을 위한 각종 홍보도 진행했다. 루이뷔통 백, 샤넬 백 등 백화점에서 현물을 구매하여 매장 중앙에 놓고 매월 1명씩 추첨하여 전달하는 다양한 행사를 진행하며 멤버십 회원 모집에 전력을 다했다. 그렇게 6개월이 지났을까? 멤버십 회원이 3,000명을 넘어서자 매출은 눈에 띄게 좋아졌고 프랜차이즈 사업에 대한 문의도 점차 많아졌다.

천호동이 1호점이기 때문에 웃지 못할 일도 많았다. 가맹점 문의를 하시는 분 중에서 부산이나 대구처럼 지방에 계신 분들은 천호동이 어디에 있느냐고 물었다. 서울에서야 천호동이 유명하지만, 지방의 예비창업자들에겐 생소한 지역이었던 것이다. 그러나 나를 비롯한 회사 직원들은 천호동에서의 시작을 긍정의 신호로 받아들였다.

“천호동에서 1호점을 시작했으니 1,000호점까지 만듭시다!”

회식 때마다 직원들에게 이 농담을 하면 모두가 즐겁게 웃으며 건배를 했다. 그리고 지금 이 농담은 점점 현실로 바뀌고 있다.

기업의 제품이나 브랜드도
한순간에 주목받을 수 있어야 한다.

세상에 존재하지 않는 새로운 색깔,
그 누구도 흉내 낼 수 없는
나만의 색깔을 찾아야 한다.

# 03

# 카페 그 이상의
# 카페를 추구한다

　도심 속에서 펼쳐지는 한여름의 해변 휴가를 상상해본 적이 있는가. 2002년 프랑스 파리 시청은 여름철에 휴가를 가지 못하는 시민을 위해 센 강 변의 도로에 인공 해변을 만들었다. 매년 7월 중순부터 8월 중순까지 한 달 동안 펼쳐지는 파리 플라주Paris Plage에는 모래사장은 기본이고 비치파라솔, 일광욕을 위한 비치의자, 야자수, 야외수영장 등이 설치되어 있다. 경제적 사정으로 혹은 일을 하느라 너무 바빠서 여름휴가를 떠나지 못한 사람들의 아쉬운 마음을 달래주고 있다. 그뿐만 아니다. 간이도서관 운영, 음악회, 연극, 영화시사회, 놀이 등과 같은 다양한 문화체험을 통해 정서적인 만족감까지 제공해주어 도시에 활력을 불어넣고 있다.

　사람들은 왜 여름휴가를 떠날까? 한여름 뙤약볕을 피하고 더위를 식히는 것이 그 목적이라면 시원한 에어컨 바람이 나오는 집이나 사무실 혹은 동네 은행 등이 최고의 장소일 것이다. 하지만 사람들이 굳이 비싼 비용을 지급하고 귀한 시간을 들여가며 해변을 찾고 계곡을 찾는 것은 더위를 피하는 이상의 무언가를 얻기 위해서다.

사람들이 여름휴가를 통해 기대하는 것은 사랑하는 가족, 연인, 친구들과 함께하는 행복한 경험이다. 도심 속의 해변인 파리 플라주는 사람들에게 단순히 더위를 피할 장소를 제공하는 것이 아닌 그들이 사랑하는 사람들과 행복한 경험을 할 수 있도록 감성적인 공간을 제공해주는 것이다.

커피 전문점도 마찬가지다. 커피를 파는 곳이기는 하지만 사람들은 그곳에 단지 커피를 마시기 위해 들르는 것이 아니다. 함께하는 사람과의 진솔한 대화, 혼자만의 휴식, 비즈니스 등이 커피 전문점을 찾는 주목적이다. 그래서 커피 전문점은 고객이 자신의 목적을 이룰 수 있도록 감성을 이끌어주어야 한다.

같은 커피를 앞에 두고도 집에서는 나누지 못한 진솔한 대화를 커피 전문점에 와서는 나눌 수 있게 해주어야 한다. 평소 서먹하던 직장동료가 커피 전문점에서는 서로에게 마음을 열고 한 발짝 더 다가갈 수 있도록 해주어야 한다. 짝사랑하던 그녀에게 가장 낭만적인 고백이 될 수 있도록 해주어야 한다. 커피 전문점은 커피만을 파는 곳이 아니다. 세련되고 낭만적인 분위기를 연출하여 감성과 문화를 파는 곳이 바로 커피 전문점이다. 전주 MBC에 카페베네가 입점하고 난 뒤였다. 당시 방송국에 재직중이던 정태연 사장을 만났는데 대뜸 말했다.

"카페베네가 우리 건물에 들어선 이후로 이상한 변화가 생겼어요."

"네? 어떤 변화요?"

"회사 사람들의 소통이 더욱 활발해졌어요. 좋은 일도, 힘든 일도, 해결해야 할 일이 있을 때도, 심지어 수다를 떨 때도 모두가 1층에 있는 카페베네에 모인다니까요?"

MBC 방송사 건물 1층에 카페베네가 오픈하자 방송국 내 작은 변화의 물결이 일기 시작했다. 이전과 비교할 때 조직이 훨씬 더 역동적으로 움직이게 된 것이다. 토론하고 업무 관련 미팅을 하는 횟수가 늘어난 것은 물론이고 화해, 위로, 격려 등 개인적인 만남도 훨씬 더 잦아졌다. 그 건물에서 일하는 구성원들 사이의 교류가 더 넓어지고 활발해졌다.

방송국 1층에 카페베네를 오픈한 애초의 목적은 지역주민의 방송에 관한 관심과 참여를 활발하게 하겠다는 것이었다. 그런데 그런 애초의 목적을 달성함은 물론이고 그 건물 내 조직원들의 교류와 소통을 활발하게 만들었다. 나아가 조직 성과를 더 끌어올리는 데도 한몫을 톡톡히 했다.

카페베네가 고객들의 감성을 움직이고 역동적인 소통과 교류의 장으로 자리매김하기까지는 시행착오의 과정도 있었다. 특히 공간의 디자인적인 면에서 초창기의 카페베네는 경쟁업체들과 비교할 때 별다른 차이점을 갖지 못했다.

나는 커피 전문점 프랜차이즈 사업을 구상하며 세련되고 도시적인 분위기를 만들어서 젊은 층들을 주 타깃으로 설정했다. 그래서 젊은 층에서 좋아할 만한 칸막이를 통해 자신들만의 공간을 확보해주는 현대적이고 도시적인 분위기를 연출했다. 색깔도 지금보다 훨씬 더 컬러풀하고 소재도 세련된 느낌이 풍기도록 매장을 꾸몄다. 그런데 막상 꾸며놓고 보니 카페베네만의 특색이 없었다. 분명 세련되고 도시적인 공간임에도 내가 바라던 감성적 교감이 이루어지기엔 뭔가 부족해 보였다.

나는 지인들의 조언, 특히 예술 쪽으로 종사하는 분들의 조언을 귀담아 들어 가며 카페베네만의 디자인을 만들기 시작한다. 그리고 카페베네를 준비하던 시절 유럽의 노천카페에서 만났던 편안함과 여유로움을 다시 느껴보고 싶었다. 바쁘게 달려가던 일상에서 벗어나 마주앉은 사람과 감성적으로 교감할 수 있는 곳, 그곳에서 나는 여행의 고단함도 잊고 평온함에 빠져들었다. 내가 카페베네를 통해 고객들에게 전해주고 싶었던 것이 바로 그러한 평온함과 자유로움이었다.

유럽인들은 커피만큼 노천카페를 아꼈다. 18~19세기 유럽의 많은 예술가가 노천카페에서 작품을 이야기하고 노래하고 화폭에 담았다. 고흐의 작품 중 유명한 〈밤의 카페 테라스〉에는 한때 그가 하숙하며 지냈던 카페가 담겨 있다. 바흐는 커피에 대한 사랑을 담은 〈커피 칸타타〉를 작곡해서 그 초연을 자신이 자주 들르던 커피 하우스에서 열었다.

유럽의 카페를 이야기할 때 결코 빠질 수 없는 프랑스의 카페 드 플로르Café de Flore와 카페 레 되 마고Café Les Deux Magots는 많은 예술가, 학자, 사상가들이 영혼과 감성을 나누고 작품을 탄생시키던 곳이다. 프랑스의 실존주의 철학자 사르트르와 그의 연인 보부아르는 이 두 카페를 작업실처럼 드나들며 구석진 자리에 앉아 글을 쓰고 열띤 토론을 벌였다. 또 아폴리네르, 생텍쥐페리, 헤밍웨이, 카뮈와 같은 위대한 문학가들 역시 이 카페들을 자주 찾았다. 그 외에도 브라크, 피카소, 조각가 자코메티 등 유명한 예술가들도 이곳을 즐겨 찾으며 자유로운 영혼으로 창작의 영감을 얻었다.

나는 유럽인들의 자유롭고 감성적인 카페와 그 문화를 한국의 거리에 재현하고 싶었다. 유럽의 유서 깊은 노천카페를 모티프로 매장을 디자인한다면 자유로운 감성과 영혼의 평온함을 얻을 수 있는 도심 속의 휴양지 같은 편안한 휴식처를 만들 수 있을 것 같았다.

유럽의 카페에 매료된 나는 그 속에서 카페베네만의 색깔을 찾기 위해 계속 여행했다. 여행길에서 본 유럽의 오랜 건축물들은 낡고 허름하다는 느낌보다는 오히려 고풍스럽고 세련된 멋을 풍기고 있었다. 더 놀라운 것은, 새로 짓는 건물들이 옆에 있는 오래된 건물과 같은 느낌으로 고풍스러움을 재현하고 있다는 사실들을 느낄 수가 있었다.

이런 광경을 지켜보며 그 느낌을 고스란히 카페베네 실내장식으로 담아내기 위해 여러 가지 방법을 동원했다. 카페베네의 철제 마감재들은 유럽의 100년 이상 된 건축물의 느낌을 살리려고 일부러 전부 다 부식시켰다. 벽면은 조금 거친 느낌의 빈티지 노출 콘크리트를 통해 시간의 흔적을 불어넣었다.

천정과 함께하는 기둥도 자연 색감을 살렸다. 의자와 탁자는 투박해 보이는 나무의 질감을 그대로 나타내 자연스러움을 살렸다. 또 마주 앉은 사람과 마음을 연 대화가 가능할 수 있도록 공간분할을 했다. 아늑하고 편안한 느낌이 드는 조명을 선택함으로써 감성을 나누는 공간으로 탄생시켜

나갔다.

특히 모든 매장에 있는 대형 시계는 카페베네의 상징물이기도 하다. 프랑스 광장에 설치되어 있던 스틸 법랑 시계를 가져와 그 원본은 서울 압구정 로데오 점에 두었고 나머지 매장에는 카피본을 두었다.

그 후로도 카페베네의 디자인은 몇 차례의 업그레이드 과정을 거쳤다. 그중 2009년부터 실시한 북카페 콘셉트의 디자인은 고객들로부터 많은 사랑을 받았다. 넓은 벽면을 차지한 큼지막한 원목 책장은 고급 서재를 연상시키기에 충분했다. 책장을 가득 채운 다양한 읽을거리들은 일행을 기다리는 지루함 또한 해결해주었다. 잔잔한 음악이 흐르는 서재에서 홀로 커피를 마시다 보면 창작의 영감이 떠오르기도 하고 막혔던 문제들의 해결점이 보이기도 했다. 어디 그뿐인가. 원목 가구와 소품들이 주는 아늑함은 함께하는 사람과의 진솔한 대화를 이끌어내기에도 부족함이 없었다.

이런 부족함이 없게 해준 것은 다름 아닌 내 막냇동생인 김인선 본부장의 역할이 컸다. 내 아버지 직업은 목수였다. 어릴 때 어렴풋이 기억이 나지만 아버지는 집을 짓는 공사를 자주 하곤 했다. 또 학교의 각종 책상과 의자를 직접 만들기도 했다. 이런 아버지의 핏줄을 이어받았는지 김인선 본부장은 목수의 기질이 있다. 디자인적인 감각이 뛰어나다. 특히 시공할 때 공간연출에 대한 창의성이 높다. 지금도 카페베네를 포함한 회사의 다양한 디자인 작업과 시공업무를 진두지휘하며 카페베네의 디자인을 총괄하고 있다.

카페베네의 인테리어 디자인은 이후 다른 커피 전문점에도 많은 영향을 끼쳤다. 가구나 장식의 소재를 나무로 하여 편안한 분위기를 연출하는 커피 전문점들이 늘어났다. 빈티지, 프로방스 등 유럽의 느낌을 살리려는 시도도 계속되고 있다. 카페베네만의 차별점이 점점 사라지는 듯해서 아쉽기는 하지만 크게 걱정하지는 않는다. 늘 그랬듯 카페베네는 우리만의 색깔을 찾기 위해 끊임없이 변화하고 있고 그 변화는 현재진행형이다.

마케팅 용어에 '퍼플 카우'라는 말이 있다. 보라색 소라니. 이 세상에 보라색 소를 볼 가능성은 거의 없다. 그런 만큼 사람들 앞에 보라색 소가 나타나면 단번에 주목을 받을 수밖에 없다. 간단히 말해서 기업의 제품이나 브랜드도 한순간에 주목받을 수 있어야 한다는 것이다. 그런데 너도나도 '퍼플 카우'가 되려 한다면 더는 보라색을 고집하는 것은 의미가 없다. 세상에 존재하지 않는 새로운 색깔, 그 누구도 흉내 낼 수 없는 나만의 색깔을 찾아야 한다. 나는 그것이 즐거운 여정이 될 것임을 확신한다. 그 여정 속에서 카페베네는 세계를 무대로 또 한 번의 성공신화를 써나갈 것이기 때문이다.

나는 현재 잘 되어 있는 것에도
더 나은 것을 찾기 위해
물음표를 던진다.

'베스트The best'에 물음표를 던지는 그 순간
'베스트 오브 더 베스트Best of the best'가 될 수 있다.

# 04

# 의지가 있다면
# 방법도 있다

"왜 카페베네지?"

즐비하게 늘어선 여러 커피 전문점 중에서 오로지 카페베네만을 고집하는 고객들이 있다. 감사한 일이 아닐 수 없다. 오직 카페베네여야 하는 이유는 개개인에 따라 다양하겠다. 하지만 짐작건대 나는 카페베네만의 '특별한' 메뉴에도 그 이유가 있을 것이라고 본다. 카페베네의 모든 메뉴는 다른 것, 더 나은 것을 찾으려는 노력의 산물로 태어났다. 카페베네의 대표 디저트 메뉴인 '와플'과 '젤라또'만 하더라도 각각 그 본고장이라 할 수 있는 벨기에와 이탈리아의 전통방식으로 재현해내면서 경쟁업체들과 맛의 차이를 만들어냈다.

다른 커피 전문점에서는 볼 수 없는 카페베네만의 것을 찾았다. 그 과정에서 우리는 젤라또를 떠올렸다. 젤라또는 단품으로도 인기가 있지만 다른 메뉴들과의 조합이 훌륭해서 전혀 새로운 메뉴를 개발해낼 수 있을 것 같았다. 나는 젤라또를 주력 메뉴로 런칭하기 위해 이탈리아의 전통 아이스크림 젤라또 가게를 찾아갔다. 100년이 넘는 역사를 가진 그곳에서 현대식 기계의 편리함을 거부하고 핸드 메이드 방식의 전통을 고집스레 지켜온 정성과 자부심을 가슴에 담고 돌아왔다.

카페베네의 젤라또 역시 그 고유의 맛을 내기 위해 핸드 메이드 방식으로 만들어진다. 젤라또는 일반 아이스크림과 재료의 함유량에서도 차이가 크지만 제조하는 기계에서도 차이가 난다. 젤라또는 일반 아이스크림을 만들 때 사용되는 연속식 기계와는 달리 배치타입의 기계를 사용하여 만든다. 배치타입의 기계는 젤라또 고유의 깊은 맛과 쫀득함을 유지할 수 있음은 물론이고 작업자가 직접 기계에 원료를 투입해서 제품을 만듦으로써 젤라또의 공정 과정을 확인하고 품질을 관리할 수 있다는 장점이 있다.

정통과 맛을 지키려는 카페베네의 노력은 비단 젤라또에 국한되지 않는다. 젤라또와 환상의 조합을 이루는 와플을 메뉴로 런칭하고 최적의 맛을 완성하기 위한 노력의 과정 또한 가히 자랑할 만하다.

우리나라에 대표적인 브런치 메뉴로 와플, 샌드위치, 햄버거 등이 들어왔다. 하지만 이상하게도 와플은 대중적으로 확대되지 못하고 그냥 길거리 메뉴로 전락하고 말았다. 게다가 길거리에서 파는 와플은 물 반죽을 사용하는 미국식 와플 제조방식을 사용하여 빵이라기보다는 촉촉한 과자에 가깝다. 게다가 설탕을 많이 넣어 단맛이 강하고 제조법이 간단한 만큼 붕어빵과 같은 즉석식품에 가깝다.

나는 제조과정이 까다롭더라도 부드럽고 깊은 맛을 내는 '요리'를 원했다. 벨기에식 와플 제조방식을 사용한다면 빵의 깊고 풍부한 향과 부드럽고 쫀득한 식감을 살릴 수 있다. 또 생크림, 과일, 아이스크림 젤라또 등 다양한 토핑을 추가하면 와플은 충분히 카페베네의 훌륭한 사이드 메뉴가 될 수 있다고 판단했다.

와플을 런칭하기로 결정한 후 한 가지 고민스러운 것은 반죽의 보관방법이었다. 매일 본사에서 와플 반죽을 만들어 각 가맹점으로 배송해주어야 한다. 그런데 편리성과 효율성을 생각한다면 냉동 보관 하는 것 외에는 답이 없어 보였다. 즉, 본사가 와플 반죽을 냉동하여 각 매장에 납품하면 매장에서는 이 반죽을 해동하여 미리 와플을 구워놓았다가 주문이 들어오면 데워서 제공하는 것이다. 현장에서 직접 생산을 담당하는 전문가들의 의견이었다. 또 국내의 모든 제빵 회사들에서도 모두 이러한 냉동 보관법을 사용하니 나는 여기에 별다른 이견을 제시하지 않았다. 그런데 이렇게 미리 와플을 조리해두고 재가열하니 시간이 지나면 빵이 딱딱해지는 문제가 나타났다.

하루빨리 해결점을 찾아야 했다. 다들 그렇게 한다고 해서 우리도 그렇게 해도 된다는 안일한 생각은 버려야 했다. 깨진 유리창만 고객들의 불만을 사는 것은 아니다. 창밖의 경치를 보라고 매장에 전면 유리를 설치해놓고 유리를 제대로 닦지 않아 얼룩이 앉은 것도 고객의 눈살을 찌푸리게 하기엔 충분하다. 유리의 본질은 투명성이다. 그 본질을 살리지 않을 것이라면 애초에 유리가 아닌 벽을 세워야 했다.

　나는 당장 답사팀을 꾸려 와플의 본고장인 벨기에로 떠났다. 그곳이라면 답을 찾을 수 있을 것이라는 확신이 있었다. 와플을 만들어 파는 가게들을 돌아보며 내 입에선 감탄이 절로 나왔다. 매장은 물론 심지어 길거리 와플 가게에서조차 모두 냉동이 아닌 부드럽고 차진 냉장 반죽을 사용했다.

　우리나라의 두부판과 비슷하게 생긴 큰 네모 판에 호빵처럼 둥그스름한 냉장 반죽을 올려두고 한 판을 다 팔면 또 새롭게 한 판을 가져다 구웠다. 모든 것이 열악해 보이는 길거리 매장에서조차 와플 고유의 맛을 지키기 위해 냉장 반죽을 사용한다. 우리라고 못할 이유가 없다는 생각이 들었다.

　"전통 방식을 지키는 것은 정말 힘듭니다."

　"왜 우리는 힘들어서 안 된다고 생각하는 것을 그들은 하고 있습니까? 힘이 들어야 힘이 생깁니다. 그렇게 힘들게 얻은 힘이야말로 그 누구도 따라 할 수 없는 우리만의 경쟁력이 됩니다."

　현장팀들은 여전히 반죽의 냉장보관에 대해 현실적으로 불가능한 일이라며 목소리를 높였다. 나는 벨기에에서 직접 확인한 가능성을 토대로 그들을 설득해 나갔다.

　"오늘부터 카페베네의 와플 반죽과 배송 시스템을 전면 수정합니다!"

　나는 내 판단이 옳다고 믿었기에 과감한 결단을 내렸다. 내가 와플과 젤라또를 카페베네 대표 메뉴로 내세운 것은 그것을 최고로 만들 자신이 있었기 때문이다. 하고자 하는 의지만 있다면 방법이야 찾으면 되는 것이다. 방법을 찾았으면 그것을 행하면 된다. 나는 기존의 와플 제조방식과 배송 방식을 과감히 수정했다. 본사에서 매일 이른 새벽에 반죽을 만들어 오전 8시까지 모든 가맹점으로 배송을 완료하고 가맹점은 당일 제조분을 당일 소비시킨다는 원칙을 지킨다면 반죽의 냉장 보관 유통이 가능하다는 판단이 들었다. 그러면 고객이 주문하면 바로 구워주기 때문에 벨기에 와플 고유의 신선함과 촉촉함을 유지할 수 있다.

"그렇게 하려면 가맹점으로 매일 새벽에 냉장 배송 차량이 나가야 합니다. 그 수고와 비용을 어떻게 감당하시려고요?"

"배송의 힘듦이나 비용의 문제로 맛에 대한 우리의 원칙을 바꿀 수는 없습니다."

사실 낮 배송을 새벽 배송으로 바꾸는 것은 말처럼 쉬운 일이 아니었다. 무엇보다도 배송 기사들의 새벽 운전이 걱정되었다. 하지만 그것은 힘든 일이기는 했지만 그렇다고 해서 불가능한 일은 아니었다. 전날 충분한 수면을 취하는 생활습관이 익숙해지도록 노력한다면 문제는 뜻밖에 쉽게 해결될 수 있음을 모두 알고 있었다.

나 역시 뒷짐만 지고 있지는 않았다. 직원들에게 힘든 일을 요구한 만큼 나도 힘들어야 한다는 것을 잘 알기 때문이다. 그후로 나는 가끔 새벽에 공장에 들러 반죽하는 생지를 점검하고 매장에 들러 와플의 신선도를 체크했다. 전통 맛을 지키려는 우리의 바람과 노력은 과감한 결단과 모두의 수고로 마침내 그 결실을 보게 되었다. 2009년 3월, 카페베네의 와플이 훨씬 더 맛있어졌다는 말이 나오기 시작한 것이다.

문제는 풀라고 있는 것이다. 힘들고 귀찮다는 이유로 그것을 바라보고

만 있다면 문제는 영원히 문제로 남아 우리의 발목을 잡는다. 하지만 어떤 식으로든 그것을 풀려고 노력한다면 시간이 걸릴지언정 결국엔 답을 찾아내게 되고, 그것은 도약을 위한 발판이 되어준다.

나는 남들과 비교해 특별한 재능을 타고난 것은 없다. 평범하다 못해 눈에 잘 띄지도 않는 아이였다. 하지만 어릴 때부터 뭔가 문제가 던져지면 그것을 집요하게 파고들어 해결하고야 말겠다는 강한 집념을 보였다. 초등학교 때 친척들과 승용차를 타고 가다가 펑크가 난 적이 있었다. 친척분의 차였는데 차를 산 지 얼마 되지 않아 타이어를 어떻게 교체해야 할지를 잘 몰라서 당황스러워했다. 함께 탄 다른 친척분들도 승용차를 접한 경험이 별로 없기에 우왕좌왕하기는 마찬가지였다. 물론 나라고 별다르지 않았다. 하지만 같은 문제를 두고 그것에 대응하는 방식은 완전히 달랐다. 친척 어른들은 트렁크에서 이런저런 기계를 꺼내놓고 투덜댔다.

"도대체 이걸로 뭘 어쩌라는 거야?"

그리고는 이내 길거리에 자리를 깔고 앉아서 한숨만 내쉬었다. 하지만 나는 꺼내놓은 기계들을 보며 추리를 해나가기 시작했다. 그 기계들이 만들어진 데는 다 이유가 있을 것으로 생각하며 이리저리 돌려보았다. 나는 마침내 해답을 찾아냈다. 아직 어린아이인데다가 이전까지 전혀 접해보지 못한 기계라 시간이 걸렸다. 하지만 결국엔 해답을 찾아낸 것이다.

문제가 보일 때 한숨만 내쉬는 것이 능사는 아니다. 이런 방법이 통하지 않으면 저런 방법을 쓰면 된다. 뭐든 해보는 것만이 답을 찾을 수 있는 유일한 길이다. 와플 반죽의 냉동 보관이 문제가 있다면 냉장 보관을 할 수 있는 다양한 시도들을 해보면 된다. 그런 과정을 통해 더 나은 것을 찾아가는 것이 바로 해답을 찾는 지름길이다.

우리 회사의 직원들은 늘 특정 주제를 정하여 "더 나은 방법"을 찾는 토론을 즐긴다. 그것은 비단 당장 눈에 보이는 문제에만 국한되지 않는다. 현재 잘 되어 있는 것에도 더 나은 것을 찾기 위해 물음표를 던진다. "베스트The best"에 물음표를 던지는 그 순간 "베스트 오브 더 베스트Best of the best"가 될 수 있다. 최고의 것은 늘 온 힘을 다하는 과정에서 찾아지기 때문이다.

사랑하는 사람을
쉽게 배신하지 못하는 것처럼
소비자로 하여금
기업의 브랜드를 사랑하게 하라!

사랑하는 사람을
쉽게 배신하지 못하는 것처럼
소비자로 하여금
기업의 브랜드를 사랑하게 하라!

# 05

# 주변의 사랑을 받아야
# 성공한다

케빈 로버츠는 2005년에 『러브 마크』란 책으로 마케팅 업계에 새로운 바람을 일으켰다. 그는 기업이 제품의 차별성이 없어진 21세기에 살아남을 수 있는 비결로 사랑받는 브랜드가 되어야 한다고 했다. 사랑하는 사람을 쉽게 배신하지 못하는 것처럼 소비자로 하여금 기업의 브랜드를 사랑하게 하라는 것이다.

나도 고객들이 카페베네 브랜드를 사랑하게 하려고 많은 고민을 했다. 하지만 사랑을 하려면 그 대상이 누구인지를 먼저 알아야 하지 않는가? 그래서 카페베네를 먼저 알려야겠다는 생각에 스타 마케팅을 시작했다.

2009년 2월, 대중에게 많은 사랑을 받고 있는 한예슬 씨를 모델로 섭외하여 '한예슬 커피'라는 키워드 홍보부터 시작했다. 그런데 광고를 시작하니 주변에서 논란들이 참 많았다. 왜냐하면 당시에는 전국매장이라고 해

봐야 16개밖에 없는데 지역광고가 아니라 전국에서 동시에 볼 수 있는 CF를 시작하니 다들 이상하게 본 것이다. 더군다나 당시만 하더라도 커피 전문점 광고는 거의 없었기 때문에 괜한 객기를 부리는 게 아니냐는 지적도 있었다.

그도 그럴 것이 그때만 하더라도 커피와 관련한 광고는 원두커피 광고와 커피믹스 광고가 전부였다. 대형 커피 전문점의 광고는 단 한 건도 찾아보기 어려울 정도였다. 그 이유는 당시 글로벌 브랜드이자 시장을 주도하고 있던 특정 브랜드의 마케팅 방침이 마치 정설로 여겨졌기 때문이다. 그늘의 수장은 다음과 같았다.

"커피 전문점을 홍보하는 광고비용을 지출하느니 차라리 그 비용으로 매장 한 개를 더 개설하는 게 훨씬 효과가 있다."

이런 상황에서 이제 갓 출범한 작은 중소기업이 TV CF를, 그것도 황금시간만을 골라서  하니까 주변에서 다양한 뜬소문들이 돌기 시작했다. 카페베네는 어느 대기업에서 투자했다는 등 잘나가는 연예기획사에서 하는 것이라는 등 다양한 뜬소문이 시중에 떠돌았다. 그러나 이 정도의 뜬소문은 그냥 넘어갈 수 있었다. 하지만 점점 시간이 흐르자 뜬소문은 걷잡을 수 없을 정도로 늘어났고 내용도 고약하게 바뀌었다.

"카페베네가 잘 나가는 이유가 CEO가 대통령의 친척이라서 그렇다." "카페베네는 매장을 확대해 곧바로 시장에 팔려는 속셈이다." "벌써 시장에 매물로 나왔다." "유동성이 문제 되어 곧 부도난다." 등 악성루머가 줄줄이 쏟아졌다.

나는 비록 악성루머이긴 하지만 긍정적인 계기로 삼았다. 어쨌든 간에 세간의 관심을 긍정적인 이미지로 전환하기 위해서 다시 한 번 마케팅 방향을 드라마 PPL로 바꿨다. 마침 대표적인 연예기획사 중의 하나로 손꼽히던 조은엔터테인먼트의 대표이자, 후배양성을 위해 대학교수로 재직하고 있는 조대원 대표로 부터 전화가 왔다.

그는 MBC에서 방영하는 〈지붕 뚫고 하이킥〉이란 드라마에 PPL을 해보지 않겠느냐고 제안을 했다. 김병욱 감독이 시트콤 드라마를 워낙 잘 만들기 때문에 시청률도 높을 것이라는 조언과 함께 아예 메인 광고로 들어가자는 제안이었다. 난 메인이라는 이야기에 귀가 솔깃했다.

"그래! 이왕 할 바엔 크게 한번 해보자. 그리고 이왕 시작한 것, 모든 드라마에 다해버리자."

그렇게 우연히 드라마 PPL을 시작하며 2011년엔 그 어느 기업보다 드라마 노출이 많이 되는 브랜드로 평가받았다. 오죽하면 카페베네에는 모든 드라마 주인공이 다 있다는 우스갯소리가 시중에 떠돌 만큼 성공적이었다.

그런데 정작 당사자인 나는 새로운 마케팅을 시작할 때 자신감 못지않게 불안을 느껴야만 했다. 막대한 비용이 들어가는 드라마 PPL이다 보니 실패에 관한 부담이 만만치 않았던 것이다. 가난을 온몸으로 경험하며 한 계단 한 계단 오르듯 10년을 달려왔는데 여기서 무너질 수도 있겠다는 생각이 수도 없이 떠올랐다. 어떨 때는 잠을 자다가도 벌떡 일어나기도 했다.

나는 불안과 번민으로 잠에서 깨어 두근거리는 가슴을 가라앉히려고 책상 앞에 앉았다. 그리고 불안한 심정을 애써 누르며 일기를 썼다. 어떨 땐 하루에 두 번을 쓰기도 했다. 아침에 썼다가 다시 저녁에도 쓰는 것이었다. 그만큼 밤낮으로 유동성 변화가 심했다. 그때 당시 싸이더스와 전략적 마케팅 계약을 했다. 마케팅 비용이 상당히 높아서 실패하면 사업 자체가 흔들릴 수밖에 없었다. 사업이 실패하면 그동안 쌓아왔던 모든 것을 잃어야만 하는 처지였다. 사업이란 게 실패를 하면 다 그렇지만, 특히 프랜차이즈 사업은 실패하면 남는 것이 전혀 없다. 오로지 경험만 있을 뿐이다.

물론 프랜차이즈 사업은 아이디어만 좋다면 얼마든지 도전해볼 만한 업종이다. 작은 자본으로 맥도널드처럼 전 세계에 진출하며 글로벌 브랜드를 만들 수 있다. 누구나 이런 꿈을 가져볼 수 있는 최고의 사업은 역시 프랜차이즈 사업이라고 확신한다. 그러나 나는 그때까지 외식 프랜차이즈 사업에서 성공을 거두며 카페베네까지 왔기 때문에 실패를 그저 한 번쯤 겪을 수 있는 좋은 경험만으로 치부할 수는 없는 노릇이었다. 나 혼자만의 실패가 아니라 카페베네 직원들과 협력업체 등 수많은 사람에게까지 실패의 부담을 떠안게 할 수 있기 때문이다.

자신감과 불안함이 혼재된 상태에서 나는 다행히도 싸이더스HQ의 정훈탁 대표를 만날 수 있었다. 그는 나의 마케팅 계획을 열심히 응원해줬고 든든한 파트너의 역할을 해줬다. 또 실전에서 터득한 노하우와 싸이더스 성공 전략에 대해 조언을 아끼지 않았다. 그리고 정훈탁 대표를 소개한 강훈 본부장도 내게 소중한 인재였다. 그는 처음에 이사로 입사하여 상무를 거쳐 본부장까지 역임하는 동안 나를 많이 도와주었다. 내가 미처 경험하지 못한 부분들을 잘 알고 있어 여러모로 도움을 받을 수 있었다.

카페베네는 2011년 대한축구협회 공식 후원사가 되었다. 카페베네는 대한민국 모든 드라마, 시트콤을 제작 지원한다고 할 정도로 드라마 PPL로 인지도가 높아졌던 터라 재미있는 에피소드도 많이 생겼다. 한때는 축구 경기 영상 중에서 한 선수가 골 넣기 직전의 순간에 카페베네 자막을 넣은 것이 네티즌들 사이에서 급속도로 퍼져 나갔다. 이 영상은 네티즌 사이에서 이슈가 되어 여기저기로 퍼 나르며 '카페베네 슛'이라는 검색어까지 등장했다.

그리고 축구경기의 가장 중요한 순간인 골 넣기 직전의 순간에 등장한 카페베네 자막은 어느덧 익숙한 장면이 됐다. 처음에 나도 그 영상을 보고 웃어넘겼다. 하지만 우리로서는 매우 중요한 마케팅이자 커다란 자부심을 느끼는 순간이기도 했다. 커피 전문점 최초로 축구협회 후원사가 됐다는 것은 매우 상징적인 효과가 있었다. 이제 나를 비롯한 카페베네 직원들은 대한민국 국민의 자격뿐만 아니라 후원사의 자부심으로 태극전사들을 열렬히 응원한다.

카페베네는 이처럼 새로운 마케팅 성공을 계기로 커피업계의 새로운 시장을 만들었다. 레드오션 시장에서 새로운 블루오션을 만들어내며 대한민국 커피시장의 파이를 키웠다. 물론 최근에도 신규 커피브랜드들의 런칭이 이어지고 있어 걱정은 된다. 하지만 당분간 커피시장은 약간의 부침을 겪더라도 쉽게 활기를 잃지는 않을 것이다.

매년 약 50만 명의 예비사회인들이 커피시장의 신규고객으로 들어오고 있다. 또 50대와 60대의 고객들이 아메리카노를 더 많이 구매한다면 커피 시장은 지금보다 더 커질 수 있다. 이런 시장 예측은 업계 이단아와 같은 카페베네의 마케팅 덕분이라고 해도 과언이 아니다. 예전에는 커피시장의 확장보다 좁은 시장에서 주도권 쟁탈전을 벌였다. 그러나 카페베네는 남들이 걷지 않은 길을 가면서 시장의 파이를 키우는 일을 주저하지 않고 실행했다. 이렇듯 차별화된 것을 과감히 실천하는 것이야말로 카페베네의 경쟁력이다.

'카페베네는
커피만 빼고 다 맛있다'고
말하는 분이 있다면,
자신 있게 말한다.

"자, 오셔서 블라인드 테스트 한 번 해보시겠어요?"

'카페베네는
커피만 빼고 다 맛있다'고
말하는 분이 있다면,
자신 있게 말한다.

"자, 오셔서 블라인드 테스트 한 번 해보시겠어요?"

# 항상 사업의
## 본질을 생각하라

"스타 마케팅으로 브랜드 인지도는 높아졌지만 상대적으로 잃은 것도 있을 것 같습니다. 솔직한 얘기를 듣고 싶습니다."

중견 기업 임원과 CEO가 모이는 전경련 조찬 강연회가 끝나고 여기저기서 예리한 질문들이 쏟아져 나왔다. 그중에 드넓은 객석 중간에 앉아 있는 연세 지긋한 중견기업인이 손을 번쩍 들더니 카페베네의 남모를 고민을 제대로 짚은 질문을 쏟아냈다. 맞는 얘기였다.

스타 마케팅을 통한 브랜드 인지도는 급상승하며 친근한 이미지를 굳혀갔다. 대체 저 카페는 누군가 봐주는 세력이 있는 거 아니냐고 할 정도로 세간의 관심이 쏠렸다. 그러자 이번엔 아직 생각지 못했던 고민이 생겨난 것이다.

'스타 마케팅으로 큰 회산데? 커피에 전문성이 있겠어?'

아차 싶었다. 또 100호점, 200호점을 넘어 새롭게 들어서는 매장들이 가파르게 증가하면서 가맹점별로 절대적인 맛의 표준화를 이룬다는 것이 생각만큼 쉬운 일이 아니었던 것이다. 우리만의 차별화된 맛을 내는 것이 무엇보다 급선무라는 생각이 들었다. 안으로는 프랜차이즈라는 한계를 벗어나기 위해 절치부심하며 남모를 노력하고 있었는데도 성에 차질 않았다.

2010년 봄부터 구체적인 차별화 전략에 온 힘을 쏟기 시작했다. 우리가 프랜차이즈 커피의 맛을 제대로 한 번 업그레이드시키면서 대중의 입맛을 끌고 가보자! 바로 그런 고민을 하고 있을 때 기막힌 인연을 만나게 되었다. 커피 생두 수입에서부터 현장을 진두지휘하고 있던 임원이 미국에서 우리만의 커피맛을 제대로 살릴 수 있는 고수 중의 고수를 발견했다며 목소리를 높였다. 수화기 너머로 들려오는 들뜬 목소리가 예사롭지 않았다.

'대체 누굴 만났다는 거지?'

한국에서 이미 10년 정도 현장 수업을 쌓았으며 전문가 교육을 담당하는 주인공인데 우연찮게 미국에서 그를 만났다는 것이다. 2010년 미국에서 최고의 커피 전문가를 뽑는 'US컵 태스터 챔피언십taster championship'에서 그것도 최고상을 거머쥔 동양인이 바로 그였다는 것이다. 국적이 미국이 아니라는 이유로 공식적인 그랑프리 수상은 못했지만, 대회기간 내내 진행된 모든 분야에서 가장 높은 점수를 받은 그에게 이목이 집중됐다.

동양의 작은 나라에서, 그것도 원두커피 역사가 그리 오래되지 않은 한국에서 본토인을 능가하는 고수가 나오다니……. 나는 미국 현지인들조

차 깜짝 놀랐다는 뒷얘기를 듣고 어떤 사람인지 몹시 궁금해졌다. 수소문 끝에 며칠 만에 궁금하던 주인공과 마주앉았다. 커피전문가답게 차분한 표정과 조용조용한 말투가 인상적이었다.

"다른 커피 전문점들과 차별화되는 우리 맛의 맛을 내고 싶은데…….
어떻게 생각하시죠?"

나는 브라질 이파네마에 32만 평이나 되는 카페베네 전용커피농장을 계약하기 위해 분주히 움직이는 것을 이야기했다. 상대방은 적잖이 놀라는 눈치였다. 게다가 원두 공급업체로부터 커피를 공급받는 게 아니라 직접 생두부터 로스팅까지 모든 공정을 원스톱으로 진행하고 싶다는 계획까지 보탰다. 그러자 그의 얼굴에 화색이 돌았다.

그는 처음에는 반신반의하다가 커피 프랜차이즈 회사가 직접 로스팅까지 하겠다고 하자 눈빛이 단박에 반짝반짝 빛났다. 세계적인 커피 트렌드를 풀어놓기 시작했다. 음식에도 웰빙 바람이 불고 있는 것처럼 생두 그 자체의 풍미를 최대한 살린 커피가 인기라는 것이었다. 말하자면 좋은 생두를 쓰면 그 풍미를 최대한 살릴 수 있다. 그러기 위해선 커피를 까맣게 볶아서는 안 된다는 논리였다. 말 그대로 미디엄 로스팅으로 맛을 살려나가면 카페베네만의 특별한 커피 맛을 낼 수 있다는 얘기였다.

물론 그러기 위해선 좋은 품질의 생두를 쓰는 것은 기본이었다. 브라질 전용농장을 계약한 우리로서는 한 번 해볼 만한 도전이라는 판단이 들었다. 우리도 한 번 제대로 맛을 내보자는 생각에 그와 덥석 악수을 청했다.

의기투합!

카페베네만의 스페셜티 커피 만들기에 돌입했다. 현재 커피사업본부를 진두지휘하는 최준호 본부장과의 첫 만남이었다. 과장으로 입사해 2년 만에 상무급 본부장으로 초고속 승진한 화제의 주인공이기도 하다. 나는 조직생활을 해본 적이 없는 그에게 선뜻 손을 내밀었다. 그는 카페베네에서 전문가로서 뚝심을 펼쳐 보이겠다며 내 손을 잡았던 것이다.

그때부터 연구개발실 한쪽에서 의미심장한 실험이 계속되었다. 직접 수입해온 생두 중에서도 질 좋은 것을 따로 골라내 중간 볶기, 일명 미디엄 로스팅으로 볶아낸 후 커피를 추출하고 물의 종류, 불의 세기, 연구실의 습도까지 매일 기록해가며 진화하는 맛을 완성하기 위해 불철주야 커피와의 씨름을 벌였다. 마침 로스팅 공장이 준공돼 본격적인 우리만의 맛을 낼 수 있는 절호의 기회가 왔다는 사실이 감개무량했다.

드디어 사내 직원들을 대상으로 맛을 평가하던 날, 미디엄 로스팅으로 우리만의 커피맛을 내겠다!고 호기 어린 장담을 했던 나도 정작 시음회 날이 다가오자 가슴이 콩닥거리기 시작했다. 과연 어떤 대답이 나오게 될지……. 직원들의 표정 하나하나를 놓칠 수가 없었다. 인상을 쓰는 사람, 고개를 갸우뚱하는 사람. 설문지 대답은 대부분 '맛이 이상하다……. 싱겁다'는 대답이었다.

아예 숨김없이 그대로 '무슨 맛이 이래?' 인상을 쓰는 직원도 있었다. 어? 좋은 생두에 고유의 맛을 살린 최적의 미디엄 로스팅으로 정성을 다해 추출했는데 맛이 이상하다니? 원인은 간단했다. 지금까지 우리가 마셔왔던 커피가 강하게 볶아서 내린 그야말로 쓴 커피가 대세였기 때문이다. 게다가 경력사원으로 들어온 대부분이 글로벌 프랜차이즈 커피 회사 출신이니 입맛이 길들여져 있는 건 당연지사였다.

고객들의 입맛도 마찬가지였다. 직접 로스팅하지 않고 생두업체로부터 공급받는 강한 로스팅의 원두를 쓰고 있는 대부분의 업계 현실을 고려해보면, 익숙지 않은 맛의 정체가 불편할 수밖에 없던 것이다.

"맛이 싱거워요~" "신맛이 너무 강한데요?"

강한 로스팅의 쓴맛에 길든 고객들의 입맛은 우리만의 커피맛을 음미하기보다는 낯선 기호식품을 대하듯 갸우뚱하는 경우가 허다했다. 더구나 스타 마케팅으로 브랜드 인지도가 올라간 터여서 제대로 된 커피 맛을 모르는 회사로 평가절하하거나 들리는 말만 듣고는 지레짐작으로 커피 맛이 너무 싱겁다는 혹평을 내는 고객들도 있었다. 이번엔 외국에서 공부하고 돌아온 유학생들을 대상으로 시음회를 했다.

"어? 우리나라도 이런 맛이 있네요? 미국에서 마시던 거랑 비슷해요."

커피 팀 직원들의 표정이 하나둘씩 살아나기 시작했다. 어차피 커피는 기호식품이고 좋아하는 취향이 다 다르게 마련이다. 그러니 이번에 우리가 한 번 제대로 된 커피맛이 무엇인지 밀고 나가보자, 사람의 입맛처럼 변덕스러운 게 없다지만, 알 수 없는 자신감이 밀려왔다. 처음에 싸늘했던 내부 직원들의 반응과 고객들의 시선이 조금씩 달라지지 시작했다.

습관처럼 마시던 쓴 커피에서 미디엄 로스팅으로 조금 순해지고 풍부한 맛을 음미하면서 싱거운 비전문가 커피라는 비아냥 대신 카페베네만의 풍미를 인정하는 고객들이 늘어나기 시작했다. 생산지에서부터 직접 관리하는 질 좋은 생두를 제대로 로스팅해서 최대한 고유의 맛을 선보이 겠다는 자신감은 지금도 변함이 없다.

이제는 업계의 커피 전문가 사이에서 카페베네가 저렇게 정공법으로 치고 나올 줄은 몰랐다는 뒷얘기가 나올 만큼 미디엄 로스팅 커피에 대한 인식이 달라지고 있음을 피부로 느끼고 있다. 심지어 최근엔 국내에서 열리는 국제 커피 챔피언십 주최 측에서 대회전용으로 사용할 원두를 우리 카페베네 것으로 하고 싶다며 프러포즈를 해올 정도로 전문가들에게 인정받고 있다. 뿌듯하기만 하다.

이름만 대면 다 알만한 글로벌 커피 프랜차이즈 회사에서도 부분적으로 미디엄 로스팅 메뉴를 내놓을 것이라는 소문이 파다하게 돌기 시작했다. 분명 카페베네 커피의 뚝심이 헛된 실험은 아니었다고 자부한다. 아직도 '카페베네는 커피만 빼고 다 맛있어'라고 말하는 분이 있다면 자신 있게 말하고 싶다.

"자, 오셔서 블라인드 테스트 한 번 해보시겠어요?"

나는 카페베네가 제공하는
문화 공간, 다양한 문화 체험들을 통해
많은 청춘이 더 많은 것을
느끼고 얻어서
더 크고 아름다운 꿈을
완성해나갈 수 있기를 바란다.

나는 카페베네가 제공하는
문화 공간, 다양한 문화 체험들을 통해
많은 청춘이 더 많은 것을
느끼고 얻어서
더 크고 아름다운 꿈을
완성해나갈 수 있기를 바란다.

# 새롭고 특별한 것을
# 추구하라

한여름의 제주도는 강렬한 태양과 섭씨 30도를 웃도는 무더위가 기승을 부리고 있었다. 그러나 옥빛을 머금은 바다의 출렁이는 파도와 시원한 그늘이 드리워진 나무 아래는 복잡한 도심에서 지친 심신을 달래기에 충분했다. 잠시 휴식을 취한 나는 그늘진 나무 아래에 수북이 쌓인 1,000건의 아이디어 제안서를 들춰보았다.

"어휴, 이걸 언제 다 보나……. 휴가를 와서도 일을 해야 하니 원."

고객들이 보내준 소중한 아이디어 제안서인데 대충 훑어보고 당선작을 고를 수는 없었다. 좀 더 시원한 바람과 파도 소리를 만끽하며 쉬고 싶었지만, 기운을 내고 하나씩 읽었다. 카페베네 CEO로서의 모습을 잠시 내려두고 고객의 마음으로 하나하나 읽었다. 그런데 고객들이 제안한 아이디어를 읽다 보니 나도 모르게 메모를 하면서 몰입하기 시작했다. 그러다가 가끔 생각지 못한 제안에 혼자 웃기도 했다. 사정을 모르는 누군가 이 모습을 보면 그저 태평하게 재미있는 소설을 보는 줄 알았을 것이다.

워낙 제안서가 많다 보니 어느 날은 가족들의 양해를 구하고 아침부터 온종일 제안서를 보기도 했다. 온종일 제안서를 넘기며 그 많은 양을 읽고 나자 종이를 넘기는 손가락이 시큰할 정도였다. 하지만 그깟 손가락 통증쯤이야 쉽게 잊을 만큼의 놀라운 제안들이 쏟아졌다.

그때 내 눈에 띈 제안 중에서 대여서비스와 관련한 것이 있었다. 매장에서 고객들을 위해 뭔가를 대여하자는 아이디어가 많았다. 그 제안들을 통합해서 정리하는 것이 '여성용품, 우산, 노트북, 슬리퍼'의 대여서비스였다. 나는 서울로 돌아오자마자 TFT를 구성해 이 서비스를 준비했다.

그날부터 카페베네의 젊은 아이디어 뱅크팀이 움직이기 시작했다. 마케팅팀을 총괄하는 최병목 부장을 비롯한 여러 직원이 참여했다. 20대 후반에서 30대 초반의 젊은 감각을 가진 직원들이 함께 모이다 보니 저절로 시너지 효과가 나타났다. TFT는 대여서비스의 가능성을 두고 토론을 시작했다.

"슬리퍼 대여서비스는 슬리퍼의 디자인도 중요하지만, 특히 위생적인 부분을 고려해야 합니다. 고객들이 온종일 밖에서 걷다가 카페베네에 와서 슬리퍼로 갈아 신고 편하게 쉴 텐데요. 비위생적이라면 쉽게 대여하지 않을 겁니다. 그래서 슬리퍼 재질은 플라스틱이면 좋을 것 같고 또 가맹점에서 자주 씻을 수 없으니 소독기도 함께 가맹점에 공급해야 합니다."

다양한 의견을 주고받은 끝에 슬리퍼 대여서비스를 하기로 하고 드디

어 슬리퍼 2,000개를 중국에 발주했다. 그로부터 1개월의 시간이 지났을
까? 마침 카페베네 가맹점 대표들과 함께 점심을 할 일이 있었다.

"이제 카페베네 서비스의 질이 한층 더 높아질 것입니다. 그러니 기대
하십시오."

나는 자신만만한 표정으로 그동안 온 힘을 다해 준비한 대여서비스를
설명했다. 그런데 가맹점 대표들의 얼굴 표정이 썩 좋지 않았다.

"대표님, 제발 그것만은 안 됩니다. 슬리퍼를 대여하다니요? 지금도 매
장 회전율이 저조한 마당에 그런 서비스까지 하면 정말 매출이 오르지 않
습니다."

슬리퍼를 빌려주는 서비스에 대해 문제를 제기한 가맹점 대표는 대학
을 졸업한 후에 캐나다 유학을 다녀오는 등 다양한 문화를 경험한 분이었
다. 그분이 운영하는 카페베네 매장은 우수가맹점이기도 했다.

"다른 서비스는 대환영입니다. 특히 노트북 대여서비스는 아주 좋습니다."

다행히도 모든 대여서비스를 반대하는 것은 아니었다. 단지 슬리퍼를
대여하는 것에 대해서만 반대를 했다. 다른 가맹점 대표들도 비슷한 의견
을 제시했다. 가맹점 대표들의 이야기를 들은 나는 카페베네 업무를 총괄
하는 김재일 부회장과 긴급 협의를 했다.

"부회장님. 어떻게 해야 하나요? 가맹점 대표들의 이야기가 일리가 있어
요. 근데 이미 중국에 슬리퍼는 발주되었으니……. 그래도 포기해야 할까
요?"

부회장은 능률협회에서 기업진단 컨설팅 업무만 20년을 하다가 지난

2008년 11월 카페베네에 합류했다. 처음에는 카페베네 참여를 완강히 거부했다. 하지만 내가 카페베네 글로벌 비전 등을 설명하며 6개월이 넘도록 설득해서 모신 분이다. 내 고민을 들은 부회장은 잠시 생각을 하더니 차분히 말했다.

"슬리퍼 대여서비스는 항공사 일등석 수준의 서비스라고 할 수 있습니다. 고객들의 편안함을 제공할 수 있지요. 지금 당장 추진하는 게 부담되시면 보류 검토를 할 수 있지만 모든 매장이 테이블 회전율을 걱정할 만큼 나쁘지는 않습니다. 만약 보류되더라도 언젠가는 진행되어야 하는 서비스라고 생각합니다."

나는 또다시 고민할 수밖에 없었다. 부회장의 의견도 일리가 있었다. 특히 언젠가는 다시 할 수 있고 또 해야 하는 서비스라고 말한 부분이 인상적이었다. 그래서 지금 당장 하지 않아도 다음에 할 수 있다고 생각했다. 그러니 굳이 가맹점 대표들과 옥신각신하며 시간을 낭비할 필요가 없다는 생각에 대여서비스 중에서 슬리퍼를 빌려주는 서비스는 제외했다.

당연히 본사가 중국에 주문해서 만든 슬리퍼는 쓸모가 없어졌다. 하지만 이미 계약을 한 터라 손해배상을 해줄 수밖에 없었다. 그러나 이 손해배상은 아깝기만 한 것은 아니었다. 비록 비싼 수업료를 치러야 했지만, 현장 위주의 경영이 중요하다는 것을 새삼 깨달은 긍정적인 성과도 있었기 때문이다.

슬리퍼 대여서비스를 제외한 나머지는 곧바로 매장에서 시행됐다. 이처럼 카페베네는 다양한 공모전을 통해 아이디어를 신청받고, 좋은 아이디어는 주저하지 않고 실천에 옮긴다. 대여서비스와 더불어 '온 에어 뮤직On-Air Music'이라는 생방송으로 진행하는 음악방송도 대표적인 사례이다.

2010년 7월부터 시작한 카페베네의 음악방송 '온 에어 뮤직'은 카페베네 자체 음악방송으로 1970~1980년대의 '추억의 음악다방'을 모티프로 하고 있다. 요즘처럼 다양한 문화공간이 없었던 당시에 음악다방은 젊은 이들의 문화적 갈증을 없애주기에 부족함이 없었다. '온 에어 뮤직'은 고객이 가장 많은 정오부터 2시, 그리고 저녁 6시부터 8시까지 하루 두 번 2시간씩 진행된다. 전국 어디에서든 휴대전화 문자메시지나 홈페이지 게시판에 자신이 듣고 싶은 음악을 사연과 함께 신청하면 된다. '온 에어 뮤직'은 현재 하루 평균 200건이 넘는 신청곡이 들어올 정도로 고객들의 많은 사랑을 받고 있다.

'온 에어 뮤직'을 통해 고객은 DJ와 감성을 나누며 특별한 추억을 만들다 보니 많은 스토리가 저절로 만들어졌다. 어떤 고객은 카페베네 음악방송을 통해 프러포즈하기도 하고, 또 다른 고객은 소중한 기념일을 보내기 위해 음악방송에 참여하기도 했다. 이런 고객들은 점차 늘어갔다. 카페베네에서 소개팅으로 만나게 된 두 사람이 연인 관계로 발전하면서 둘만의 기념일이 될 때마다 매장을 방문하여 음악방송에 사연을 보내주는 고객도 있다.

군대에 간 남자친구와의 추억을 그리워하는 고객과 DJ는 함께 D-데이를 세어가면서 시간과 추억을 함께 나누기도 한다. 기억해줘서 고맙다, 음악방송과 함께하는 시간이 즐겁다 등 음악방송에 대한 고마움을 표현하는 고객들이 늘어가고 있다. 모든 기업이 그토록 원하는 스토리텔링 마케팅이 카페베네에서는 고객들의 자발적인 참여로 이뤄지고 있었던 것이다.

사실 '온 에어 뮤직'이 시작되기까지의 과정이 그리 순탄했던 것만은 아니다. 단호한 결단이 필요한 순간도 있었다. 자체 음악방송은 예상외로 많은 투자가 필요했다. 본사에 전용 방송실을 설치해야 했고, 각 매장에는 방송 송출이 가능한 포스시스템을 새롭게 설치해야 했다. 방송을 진행해 줄 전문 DJ도 모셔야 했다. 비용노 비용이지만 무엇보다도 반대의 목소리가 높았던 것은 '추억의 음악방송'이라는 콘셉트가 최신 트렌드와 맞지 않고 새롭지 못하다는 이유 때문이다.

"커피와 가장 잘 어울리는 음악은 재즈다." "1970년대로 회귀하는 것이냐?" "브랜드 이미지가 실추된다."

나는 그들의 생각과 달랐다. 옛것이라도 그것이 주는 감성이 카페베네와 통한다면 과감하게 취할 필요가 있다고 판단했다. 물론 형식에서 낡고 새롭지 못한 요소는 걷어내고 세련됨을 가미함으로써 1970년대 음악다방의 풍부한 감성은 살려내면서 새롭고 특별한 것을 추구하는 젊은 층들의 욕구 또한 만족하게 해줄 수 있을 것이라 자신했다.

'온 에어 뮤직' 외에도 카페베네는 다양하고 독특한 문화 마케팅으로 고객들과의 소통에 힘쓰고 커피 전문점의 새로운 문화 코드를 형성해 나가기 위해 노력하고 있다. 카페베네는 지난 2011년 9월부터 매월 6일을

‘베네데이’로 정하고 수준 높은 문화공연을 40~50퍼센트 저렴하게 관람할 수 있도록 지원해주고 있다. 또 2011년부터 매년 만 18세 이상의 멤버십 회원을 대상으로 ‘유럽문화탐험대’를 모집해 2011년에는 프랑스와 벨기에를, 2012년에는 이탈리아의 밀라노, 볼로냐, 나폴리, 로마, 피렌체 등을 여행하면서 커피를 비롯한 유럽의 다양한 식문화를 직접 체험하도록 했다.

비록 제한된 인원이었지만 카페베네의 고객들이 직접 커피, 피자, 파스타의 본고장이라 할 수 있는 나라들을 돌며 그 역사와 전통을 배우고 체험한 것은 단순한 여행이나 체험학습 그 이상의 의미가 있는 일이었다. 나는 체험단으로 참여했던 젊은이들의 가슴에 100년이 넘게 치즈를 만들어 온 사람들의 열정과 장인정신이 남기를 바랐다.

또 우수한 전통을 존중하고 지켜왔던 유럽인들의 자부심과 긍지를 읽을 수 있기를 바랐다. 그들이 후에 어디서 무슨 일을 하든지 유서 깊은 유럽의 문화 체험을 통해 얻었던 감동은 분명 커다란 자산이 될 것이다. 그것은 카페베네가 이 땅의 청춘들에 해줄 수 있는 작은 선물이자 그들의 꿈을 실현해줄 소중한 씨앗이기도 하다.

## 유럽 문화 탐험대의 한 단원이 보내 편지 내용

김선권 대표님께!!!

대표님 안녕하세요.

저는 이번 유럽탐험대 2기 박현실이라고 합니다.^^

제가 이탈리아에서 9박 11일을 보내고 이렇게 감사편지를 쓰고 있다니

아직도 떨리고 감격스럽기만 합니다.

저는 이번 여행에서 막내이자 국외여행 무 경험자였습니다.

그리고 '조리읍 봉일천리'라는 곳에 사는

너무나 넓은 세상에 나가고 싶어 목말라하는 21세 대학생이었습니다.

그런데 이번에 제가 사는 곳을 벗어나 참 많은 것을 배우고 돌아왔습니다.

이탈리아에 다녀옴으로써 물론 그들의 음식과 문화를 배웠을 뿐만 아니라

과거 역사를 공부하는 이유와 지금 현재를 어떻게 살아야 할지를 배울 수

있었습니다.

과거를 배움으로써 현재에 감사해야 하는 이유를 깨달았고

이렇게 넓은 세계와 자연 속에서

인간은 참 나약한 존재라는 것을 새삼 느끼게 되었습니다.

오늘 탐험소식을 자랑스레 전하고

대표님과도 많은 이야기를 나눌 수 있는 시간이 되었으면 좋겠습니다.

'카피라이터'를 꿈꾸고 있는 저 박현실,

광고회사에 입사하여 카페베네의 광고를 제작하는 그날

그때 다시 뵙도록 하겠습니다.

2012. 7. 26 박현실 드림

이렇듯 끊임없이 이어지는 다양한 노력에도 '복합문화공간'을 꿈꾸는 카페베네의 바람은 아직 완성되지 않았다. 어쩌면 영원히 완성되지 못할 수도 있다. 완벽한 복합문화공간이란 애초에 존재하지 않기 때문이다. 더 많은 것을 채우고 더 좋은 것을 담아가면서 그렇게 시간과 역사 속에서 완성을 위해 끊임없이 노력할 뿐이다. 나는 카페베네가 제공하는 문화 공간, 다양한 문화 체험들을 통해 많은 청춘이 더 많은 것을 느끼고 얻어서 더 크고 아름다운 꿈을 완성해나갈 수 있기를 바란다.

누가 청년들이
꿈이 없다고 말하는가?
난 동의하지 않는다.

그들은 다양한 미래의 꿈을 꾸며
그 꿈을 실현할 수 있는
최강의 실력을 갖춘 청춘들이다.

# 커피 한 잔에도
# 철학을 담는다

커피는 음료가 아니다. 커피는 문화이고 철학이다. 우리는 소중한 사람들과의 만남, 사랑, 고백, 화해 등을 위해 커피를 마신다. 그리고 나 자신과 만나는 사색과 성찰의 순간에도 늘 커피가 함께한다. 우리는 이미 식어버린 커피를 앞에 두고도 이야기를 이어가고 생각을 이어간다. 그래서 커피는 목을 축여주는 음료가 아닌 사람과 사람, 마음과 마음을 이어주는 메신저이다.

카페베네에는 커피처럼 소중한 메신저 역할을 하는 분들이 많이 있다. 고객과 고객을 이어주고 고객과 카페베네를 이어주는 '청년봉사단'이다. 나는 청년봉사단과 더불어 젊은 청년들이 참가하는 유럽문화탐험대에 대한 애착이 매우 크다. 아무리 바쁘더라도 웬만하면 행사에 참석한다. 청년봉사단원들과 함께 인도네시아 봉사활동을 할 만큼 그들과 어울리는 시간은 나에게 상당한 에너지를 안겨준다.

청년봉사단의 발대식과 해단식을 할 때 그들과 이야기를 나누다 보면 젊음과 청춘이 어떤 것인지 온몸으로 실감한다. 그들의 열정에 감탄하고 저돌적인 도전정신에 놀라워한다. 또 소통하며 사랑을 나누는 모습을 지켜보면 참 대견스럽기도 하다. 누가 청년들이 꿈이 없다고 말하는가? 난 동의하지 않는다. 그들은 다양한 미래의 꿈을 꾸며 그 꿈을 실현할 수 있는 최강의 실력을 갖춘 청춘들이다. 그래서 나는 자신 있게 이 친구들을 추천한다.

"너 카페베네 취직했어?"

카페베네의 청년봉사단으로 활동 중인 대학생들이 친구들에게 자주 듣는 말이라고 한다. 월급을 받는 것도 아닌데 무슨 일만 있으면 내 일처럼 발 벗고 나서니 의아하게 생각할 만도 하다.

카페베네 청년봉사단은 카페베네를 위한 봉사를 하는 단체가 아니다. 그들은 '우리'를 위한 봉사를 한다. 지구촌 곳곳의 소외된 이웃들을 찾아가 몸으로 마음으로 그들을 도움으로써 함께 '우리'가 될 수 있도록 한다. 그래서 카페베네는 그들을 진심으로 응원하고 온 힘을 다해 지원한다.

2009년 겨울에 카페베네 100호점 개점을 앞두고 '카페베네 청년봉사단 1기'가 모집되었다. 2010년 1월에 청년봉사단들은 커피생산국인 인도네시아 반유앙이를 방문해 현지의 아동 120명에게 1년 교육비 기부금을 전달했다. 또 현지 주민과 함께 커피 핸드픽, 커피 묘목 가꾸기, 커피 가지치기, 커피 거름주기, 잡초제거 등을 하면서 한 잔의 커피가 만들어지기까지의 과정을 직접 체험해보았다. 커피 생산국의 환경 및 재배과정을 보고 경험함으로써 커피에 대한 이해를 높이고 커피문화에 대한 이해를 돕겠다는 취지로 마련된 행사였다. 하지만 봉사에 참여한 청년봉사단들은 커피 생산자들의 땀과 눈물까지도 함께 이해할 수 있게 되었다.

"커피 한 잔을 마실 때마다 커피 농장에서 봉사활동을 하던 시간과 로스팅을 해보았던 기억들이 떠올라 괜히 미소 짓게 돼요. 또 한 잔의 커피가 완성되기까지 많은 사람의 노고가 담겼다는 것을 알기에 더욱 소중하게 느껴져요."

나는 4박 6일간의 봉사활동에서 커피에 관한 관심과 사랑을 넘어 지구촌 이웃에 대한 감사와 깊은 애정까지 담아온 그들의 대견한 모습에서 이 땅의 희망을 보았다.

2011년 3월, 6박 8일의 일정으로 '카페베네 청년봉사단 2기'가 다시 인도네시아 반유앙이를 찾았다. 1기에서도 그랬듯 2기의 봉사활동 역시 누가 누구에게 '베푸는' 시혜성 접근이 아닌 인간과 인간이 교류하고 소통하는 봉사의 참 정신을 보여주기에 충분했다. 카페베네 청년봉사단 2기는 인도네시아 반유앙이에서 커피 재배 과정 체험과 의료 및 미용봉사, 도서관 짓기, 가옥 수리 등의 봉사활동을 펼쳤다. 또 카와이젠 화산지역을 방문해 직접 유황을 나르며 현지 노동자의 고된 삶을 조금이나마 이해하는 시간을 가졌다.

"유황 15킬로그램을 들고 내려오는데도 죽을 것처럼 힘이 들었어요. 근데 그곳의 노동자들은 한 번에 80킬로그램을 운반한다고 합니다. 그분들이 정말 대단해 보였고, 동시에 그분들의 고된 노동을 생각하니 내가 얼마나 편하게 사는지 새삼 감사하게 되었습니다.”

나는 고통을 경험하며 감사를 배우는 아름다운 청년들의 모습에서 ‘봉사’의 가장 큰 수혜자는 다름 아닌, 바로 봉사를 실천하는 당사자임을 깨닫게 되었다. 나 역시 청년봉사단 1기와 2기에 합류하여 두 차례 해외현지 봉사에 참여하는 동안 커피 생산자들을 비롯해 카페베네와 함께하는 모든 사람에 대한 감사의 마음이 더욱 커졌다. 하나의 커피 씨앗이 땅에 뿌리를 내려 열매를 맺고, 한 잔의 커피가 됨으로써 그 향이 깊어지듯 카페베네 청년봉사단들의 활동도 갈수록 그 향이 깊어졌다.

2011년 12월 모집된 카페베네 청년봉사단 3기는 기존 봉사팀들이 실시했던 현지 봉사 외에도 한국으로 돌아온 이후 나눔의 손길이 필요한 이웃들을 찾아 사랑을 실천했다. 특히 심장병 어린이 돕기 행사인 ‘향기 나눔 마라톤’에도 참여하여 사랑을 나누었다. 그들의 아름다운 마음에 힘을 보태고자 카페베네는 단원들이 달리는 1킬로미터에 1만 원씩 후원, 총 200만 원의 성금이 카페베네 청년봉사단 3기의 이름으로 ‘한국심장재단’에 전달되었다.

한편 카페베네 청년봉사단 4기는 그 모집 인원도 100명으로 대폭 늘리고 활동기간도 6개월로 훨씬 더 길게 잡았다. 지난 3년간의 인도네시아 커피농장 현지봉사를 통해 청년들의 열정, 봉사에 대한 의지, 이웃에 대한 사랑을 확인했기에 그 깊은 향기를 해외뿐만이 아니라 국내에도 전하는 현실적인 나눔봉사를 실천하기 위해서다.

카페베네는 '청년봉사단사무국'을 만들어 본격적인 국내 봉사활동을 계획했다. 4기 청년봉사단들은 자신들이 6개월간 행하게 될 봉사활동에 대한 자체 계획 수립을 통해 어떻게 하면 더 많은 분에게 더 큰 도움을 드릴 수 있을지 고민했다. 그들은 첫 활동으로 장애인 요양시설인 동국요양원과 명주원을 방문해 빨래, 청소, 환경미화, 그리고 요양원에 계신 원생들과 함께 산책하고 말벗이 되어드리며 따뜻한 마음을 함께 나누었다.

또 충남 청양 '산꽃마을'을 찾아 다양한 일손 돕기, 고추 모종 작업, 표고버섯 배지 옮기기, 마을 입구 바닥 그림 그리기, 퇴비 나르기, 연꽃화분 잡초 뽑기 등의 농촌봉사활동에도 힘을 보탰다. 그 외에도 대한적십자사 재난구호 교육을 통해 긴급재난 발생 시 구호활동에 바로 투입되어 도움을 줄 수 있게 자체적인 능력 배양에도 힘썼다. 그들의 활동영역이 넓어지고 나눔에 대한 마음이 깊어질수록 그들에 대한 나의 애정과 신뢰도 함께 커졌다. 그래서 나는 그들이 고맙고 기특하다.

나는 봉사단의 활동을 지원하는 우리 직원들에게 '봉사단에게 봉사하라'고 주문한다. 봉사단에게 봉사하는 것은 커피 씨앗에 물을 주고 거름을 주는 일과 같다. 건강하게 잘 자란 커피나무는 질 좋은 커피열매를 생산해내고 짙은 커피 향으로 세상을 더욱 아름답게 물들인다. 청년봉사단의 가슴에 사람을 사랑하고 위하는 마음을 심었으니 그 마음이 더 커지도록 정성을 기울이는 것은 당연히 카페베네의 몫이다.

카페베네에는 〈베피야 부탁해〉라는 소원성취 프로젝트가 있다. 카페베네 홈페이지에 사연을 올리면 선정하여 소원을 이루어주는 프로젝트이다. 그런데 이 프로젝트의 주역이 되어 신청자들의 소원을 이루어주는 이들이 바로 청년봉사단이다.

결혼한 지 7년이 지나도록 어려운 가정형편 때문에 결혼식을 올리지 못한 부부의 결혼사진 촬영을 준비해주고 1년 동안 함께한 아이들과 소박한 파티를 소원하는 산골 선생님의 바람을 이루어주기 위해 강원도로 향했다. 그뿐만 아니다. 두 자녀의 책상과 책장을 마련해주는 것이 소원인 싱글맘에게 희망을 전하기 위해 제주도로 떠났다. 어머니가 하는 가게에 빈자리가 없을 정도로 손님이 많이 왔으면 좋겠다는 기특한 바람을 이루어주기 위해 청년봉사단은 친구들까지 동원해 신청자 어머니의 가게로 달려갔다.

나는 그들의 활발한 나눔 활동과 가슴 깊은 곳에 자리한 사람에 대한 깊은 사랑을 알기에 열렬히 응원할 수밖에 없다. 나는 회사에 좋은 행사가 있을 때면 언제나 그들을 최우선적으로 초대해 대접한다. 내가 그들을 존중하고 섬김으로써 그들이 사람을 섬기는 마음을 더욱 키워갈 것임을 믿기 때문이다. 그들의 임기가 끝나면 카페베네와 더 긴 인연을 이어가고자 카페베네 홍보대사로 임명한다. 유럽문화탐험대는 '베네럽'으로 부르고 청년봉사단은 '베네홍'으로 부른다.

나는 청년봉사단원들을 좋아할 뿐만 아니라 존경한다. 그들의 열정이 단지 젊은 패기로만 느껴지는 게 아니라 진정으로 세상을 바꾸는 힘을 보여주기 때문이다. 그리고 그들은 지난 2010년부터 카페베네의 성장에 많은 역할을 했다. 그중에서 기억나는 단원들이 몇몇이 있다. 뉴욕진출 때문에 고민하던 중이었다.

그때 당시 뉴욕에서 공부하던 허수진이라는 단원이 똘똘한 의견을 낸 적이 있었다. 그 덕분에 뉴욕 진출에 관한 판단을 기민하게 할 수 있었다. 그리고 안대선 단원은 커다란 덩치만큼이나 1기 봉사단의 큰형 같은 역할을 해주며 봉사단원들 사이에서 가족애를 만들어주었다. 해병대 출신의 진상헌 단원은 기수를 넘나들며 모든 활동에 적극 참가하였고 열정 넘치는 청년의 본보기를 보여주었다. 이런 단원들의 열정은 고스란히 청년봉사단의 확대 편성으로 이어졌다. 나는 2012년에 청년봉사단 사무국을 신설하였고 베네붕붕이란 이름의 전용 대형버스까지 구매했다. 더욱더 체계적인 활동을 해보라고 판을 펼쳐준 것이다.

나는 그들을 보며 지금도 즐거운 상상에 빠진다. 앞으로 20년 후, 청년봉사단 가족행사를 진행할 때 행사참여 숫자만 2,000명 이상이 될 것이며 카페베네 청년봉사단 네트워크를 통해 또 하나의 완벽한 커뮤니티를 만들어나갈 것이라고 말이다.

# 4장

# 세계로 진출하는 카페베네 이야기

요즘처럼 희망이라는 단어보다
위기와 절망의 단어가 빈번하게 들리는
시절엔 꿈과 도전이란 단어는 사치로 느껴지기도 한다.

그런데 난 이처럼 세상이
만만하지 않기 때문에 오히려 두려움 없이
도전할 수 있다고 생각한다.

그래서 커피의 종주국인 미국 한복판에서
글로벌 커피 시장의 주역으로 서기 위해
무모한 도전을 한 셋이다.

열정을 가진 사람은
어디서든 빛이 난다.

나와 함께 일할 사람에게
필요한 것은 스펙이 아닌
열정과 책임감이다.

열정을 가진 사람은
어디서든 빛이 난다.

나와 함께 일할 사람에게
필요한 것은 스펙이 아닌
열정과 책임감이다.

# 스펙보다
# 열정을 키워라

시골 촌놈이 사장이 되었다! 그것도 전국 방방곡곡에서 다 볼 수 있는 커피 전문점 프랜차이즈 회사의 CEO가 되었다. 그럼에도 나는 늘 생존에 대해 고민하고 벼랑 끝에 선 절박함을 안고 살아간다. 그리고 그 절박함의 끝에서도 잊지 않는 질문이 있다.

"만약 내가 모든 것을 잃게 된다면?"

내가 만약 모든 것을 잃게 된대도 나는 결코 좌절하며 눈물 흘리지 않을 것이다. 대신 나는 내 가족들의 생계를 위해 리어커라도 끌 것이다. '카페베네 사장이 리어카를 끌더라!'는 야유 따위는 귓등으로 날려버릴 자신이 있다. 그것이 내가 알고 있는 가장의 모습이다. 누군가의 아버지이자 누군가의 남편으로 살아가는 사람의 책임감이다.

내가 아는 사람 중에 정말 뛰어난 '스펙'을 지니고도 일자리를 찾지 못해 그야말로 빌빌거리는 인물이 있다. 그렇다고 몇 달을 실직 상태로 있어도 될 만큼 가정 형편이 좋은 것도 아니다. 게다가 그는 나처럼 누군가의 아버지이고 누군가의 남편이다. 좀 더 편안하게 일할 수 있는 일자리와 만족스러운 근무 조건을 찾는 것도 중요하지만 그런 과정에서조차 가족의 생계를 돌보아야 하는 것이 가장이다. 매일 취업정보지를 뒤적거리기보다는 하다못해 리어커라도 끌며 가족의 하루 생활비는 벌어야 할 것 아닌가. 적어도 내가 생각하는 가장은, 가장의 책임감은 그런 것이다.

우리를 둘러싼 환경은 언제든 변할 수 있다. 부잣집 아들로 태어났지만, 언제든 가난해질 수 있다. 어제 임원이었던 사람이 내일은 실업자가 될 수도 있다. 극단적으로는 국가적 위기 때문에 모두가 절대적 빈곤의 상황에 놓일 수도 있다. 그런 상황이 되었을 때 어떤 삶을 살아야 하는지에 대해 한 번이라도 생각해 본다면 답은 쉽게 나온다.

집에 비축된 식료품이 다 떨어지면 굶어 죽을 것이 아닌 이상은 길거리의 풀뿌리라도 먹어야 한다. 환경만 하나 바뀌면 상황은 급변할 수 있다. 그것을 안다면 가족을 위해 리어카를 끄는 것쯤이야 아무것도 아닌 일이 된다.

가장이 지녀야 할 책임감이 뛰어난 사람은 직장 내에서 자신에게 주어진 일에도 책임감 있게 임한다. 그 일이 설령 내 마음에 차지 않더라도 내가 맡은 이상은 잘 해내야 한다는 책임감이 필요하다. 또 그 일이 내 몫의 일이 아니더라도 회사를 위해, 조직의 발전을 위해 내가 나서서 해야 한다는 책임감이 필요하다. 이러한 책임감은 내 안의 열정과 꿈을 현실에서 실현되게 하는 강력한 힘이 되기 때문이다.

나는 직원을 뽑는 제1조건으로 '열정'을 꼽는다. 카페베네는 부산에서 서울까지 자전거를 타고 올 수 있는 열정이라면 누구나 다 환영이다. 나는 능력 있는 사람보다 의욕 있는 사람을 더 좋아한다. 화려한 스펙보다 야근도 불사하는 열정을 더 높이 산다. 내가 그 사람의 열정을 평가하는 기준은 우선은 '일에 대한 애착'이다. 예컨대 어떤 일을 하고 있으면 그 일을 마무리시키려고 하는, 완성을 시키려고 하는 노력을 해야 한다. 그러려면 일단은 근무시간에 구애를 받지 말아야 한다. 물론 그렇다고 해서 매일 야근하는 직원을 좋아한다는 말은 아니다. 하지만 어떤 일이 본인에게 주어지게 되면 그 일을 완성하기 위해서 평일이건 주말이건 상관없이 그 일에 열중하는 것이 중요하다.

실제로 카페베네에는 누가 시키지 않아도 늦은 시간까지 야근하는 직원들이 많다. 물론 그 이유는 다음날까지 마무리 지어야 하는 보고서 때문일 수도 있다. 또 갑자기 떠오른 아이디어를 정리하기 위해서일 수도 있다. 이유가 무엇이든지 의무적인 근무가 아닌 자발적인 연장 근무라는 점에서 나는 그들의 열정에 늘 감사한다.

카페베네에는 밤이 되어도 불이 꺼지지 않는 사무실이 많다. 그들을 위해 나는 저녁 8시가 되면 닭볶음탕을 시켜 나누어 먹는다. 야근하는 직원들 전부를 불러놓고 함께 먹는 것이다. 물론 내가 외부에서의 업무가 잦은 탓에 매일 그런 이벤트를 해줄 수는 없지만 1, 2주에 한 번씩은 꼭 하고 있다. 어쩌면 이것은 대기업과 우리 회사의 문화적 차이일 수도 있지만 나는 비록 사소한 것이라도 그들을 먼저 챙겨줌으로써 내가 그들의 꿈과 열정을 응원하고 있다는 것을 보여주고 싶다.

열정을 가진 사람은 어디서든 빛이 난다. 그래서 나는 그 친구들이 더 오래도록 나와 함께 했으면 좋겠다. 나는 요즘 어떻게 해야 그들의 열정을 더 키워주고 더 큰 비전을 만들어줄 수 있을지를 고민한다. 특히 개인 창업이 목표인 친구들을 위해 나는 회사 차원에서 직원들의 창업을 지원해 주는 프로그램을 수립하라고 지시했다.

미래에 카페베네 사장이 되어야지, 블랙스미스 사장이 되어야지라는 목표가 있는 직원이라면 그것을 이룰 수 있게끔 길을 열어주어야 한다. 예컨대 몇 년 이상 근무하게 되면 본인이 원하는 경우 회사에서 창업을 지원해 주는 것이다. 그래야지만 그들이 꿈을 이룰 수 있다는 열정으로 책임감 있게 일할 수 있다. 한편, 카페베네 직원들의 열정과 책임감은 뉴욕에서도 그 빛을 발했다. 카페베네 뉴욕 1호점은 매장 개점 2개월 전부터 인력채용에 힘을 기울였다. 특히 커피의 본고장이라 할 수 있는 뉴욕에서의 필승을 기원하며 숙련된 바리스타 채용에 더욱 정성을 들였다.

뉴욕 매장은 24시간 가까이 운영되기 때문에 10명 이상의 숙련된 바리스타들이 필요했다. 아침엔 바리스타 4명이 분주하게 커피를 타야 하는 상황이었다. 또 위치적 특성상 폭발적으로 손님이 몰려오기 때문에 우리가 바리스타에게 요구하는 것은 단순하지만, 어쩌면 가장 까다로운 것이었는지도 모른다. 커피 기계를 잘 다루는 능숙함과 수준 높은 커피의 맛을 창출할 수 있는 능력은 기본 중의 기본이었다.

쉴 새 없이 밀려오는 주문을 감당하기 위해서는 무엇보다도 자신의 일에 대한 열정과 책임감이 필요했다. 그런데 막상 면접을 보기 시작하니 열정과 책임감을 보여주는 사람이 많지가 않았다. 그러던 어느 날 한눈에 보기에도 커피에 대한 사랑과 자신의 일에 대한 열정이 크다고 느껴지는 사람이 면접을 보러 왔다. 그의 실력까지 확인한 후 우리는 그를 헤드 바리스타로 채용하고 싶다는 의사를 보였다. 하지만 이번에는 그가 거절의 의사를 밝혔다.

"내가 너희와 함께 일하는 것이 불안하다. 한국에서 미국에 진출한 1호점을 어떻게 믿고 일을 할 수 있겠느냐? 나는 지금 내가 일하는 카페에 계속 남겠다."

자존심도 상하고 훌륭한 바리스타를 놓친 것에 대한 아쉬움도 컸지만, 무엇보다도 본인이 우리 회사에서 일하기를 거부하니 별다른 방도가 없어 보였다. 그런데 얼마 뒤, 그가 일하는 매장으로 직접 찾아갔다. 제갈량을 향한 유비의 삼고초려까지는 아니었겠으나, 적어도 그 사람이 일하는 카페의 무엇이 그를 붙잡았던 것인지 확인하고 싶은 마음이 컸다.

상상대로 그곳은 누구라도 일하고 싶은 마음이 들 만큼 따뜻하고 아늑한 분위기의 카페였다. 우리 직원은 손님의 입장이 되어 '카페라테'를 주문했다. 그는 역시 기대를 저버리지 않았다. 능숙한 손동작, 열정적인 눈빛 등 몇 주 전 면접장에서 느꼈던 만족감이 재차 확인되었다. 게다가 그가 내민 카페라테에는 3개의 튤립이 들어 있었다. 물론 커피맛도 일품이었다.

그는 감탄하고 있는 직원에게 "너 이런 거 처음 보는구나?"라는 듯한 표정을 지었다. 선물을 받았으면 보답을 해야 하는 법이라 우리 직원은 카페라테 한 잔을 더 주문했다. 그런데 이번에는 자기가 커피를 만들어도 되겠느냐고 물었다. 카페에 있던 손님들과 그 카페의 사장, 그리고 그 바리스타까지 웃으며 해볼 테면 해보라고 하였다.

"와!"

우리 직원의 능숙한 손놀림에 비웃음은 어느새 함성으로 변했다. 우리 직원은 그에게 9개의 튤립이 들어 있는 카페라테를 보답하였고 그대로 카페를 나왔다. 카페의 문을 나설 때 뒤에서 웅성거리는 소리가 들렸다. 그 카페의 사장과 바리스타는 "이야기 좀 하자!"며 소리쳤다. 그 바리스타는 우리 직원이 자신을 면접했던 카페베네의 바리스타인 것을 그제야 알게 된 것이다.

며칠 뒤 그날의 일이 입소문이 나기 시작하면서 능력 있는 많은 바리스타가 뉴욕 카페베네 사무실로 찾아와 면접을 보기 시작했다. 확실히 처음보다는 훨씬 더 열정적이고 책임감 넘치는 이들이었다. 그 결과, 최종 14명의 인원이 우리 카페베네 뉴욕 1호점의 바리스타로 일할 수 있게 되었다.

나는 우리 카페베네의 자존심을 회복시켜주었던 그 직원의 재치도 놀라웠지만, 무엇보다도 낯선 뉴욕 골목을 돌며 그 바리스타가 근무하던 카페를 찾은 열정에도 감탄했다. 자신의 일에 대한 열정과 바리스타 채용이라는 자신의 임무를 완수하고자 했던 책임감이 그를 그곳까지 이끈 것이다.

일에 대한 열정과 책임감이 넘치는 인재는 어느 기업에서든 환영을 받는다. 1973년 시골의 작은 창고에서 시작하여 불과 30년 만에 계열사 140

개, 직원 13만 명, 매출 8조 원의 기업으로 고속 성장한 '일본전산'의 창업자인 나가모리 시게노부 역시 인재의 조건으로 열정과 책임감을 우선으로 꼽았다. 게다가 그는 1978년에『제발 떠났으면 하는 직원 백서』를 만들었다. 그 목록을 읽어보면 하나같이 열정이 없고 책임감이 부족한 직원들의 모습을 그리고 있다.

사실 열정과 책임감은 특정 개인에게 주어지는 타고난 능력이 아니다. 또한 세상의 그 어떤 능력도 타고난 것보다는 후천적인 노력의 힘이 크게 작용한다. 나 역시 지금은 누구 못지않은 열정과 책임감을 자랑하지만 사실 젊은 시절의 나를 놀아보면 매번 책임감 있게 행동했던 것은 아니다. 예컨대 부모님 말씀도 잘 안 듣고, 부모님과의 약속도 잘 안 지키고, 친구와의 약속도 안 지킨 적이 있었을 것이다. 하지만 그런 과정을 거치면서 분명 책임감 있게 행동했던 적도 있다.

그 한 가지의 책임감 있는 행동을 통해 기쁨, 만족, 뿌듯함을 느꼈다면 그 하나를 통해 두 개를 창출해 내려고 노력하면 된다. 우리는 그런 진화를 위한 노력의 과정들을 거치면서 더욱더 책임감이 강한 나를 만들어낼 수 있다. 스펙이라는 장식을 걷어낸 자리에 열정과 책임감이라는 본질을 채운다면 당신은 모두가 서로 모셔가려는 인재가 될 것이 분명하다.

꿈에 진실하다면
꿈을 입으로만 이야기해서는 안 되고
생각만 해서도 안 되며
마음으로 느끼기만 해서도 안 된다.

꿈은 본인의 모든 것을
모든 시간을 모든 생각을 집중해서
노력해야만 이루어진다.

# 02

# 꿈의 크기가
## 성공의 크기다

미국이 남북전쟁을 벌이고 있을 때 대통령이었던 링컨은 쉽사리 전황을 우세로 만들지 못했다. 그의 정책에 반기를 든 남부연합의 군사력은 만만치 않았다. 그러나 북부의 군사력은 병사가 고작 1만 6,000명에 불과했고 총사령관은 일흔을 훌쩍 넘겨 이미 퇴역해야 했을 인물이다.

링컨은 하루라도 빨리 전열을 정비하려고 총사령관을 여러 번 교체했지만, 성에 차지 않았다. 그래서 북군에서 나름대로 명성과 자질을 갖추었다고 평가를 받고 있던 매클렐런 장군의 집을 찾아갔다. 그런데 장군은 직접 자신을 찾으러 온 대통령에게 의도된 결례를 저질렀다. 분명 그는 대통령이 자신의 응접실에서 기다리고 있다는 것을 알고 있었다. 그런데 침실로 쑥 들어가버린 것이다.

"이건 말도 안 되는 무례함입니다! 대통령님께서 직접 집으로 찾아오

고, 또 응접실에서 기다리시는 것을 뻔히 알면서도 침실로 들어가다니
요!"

링킨 대통령을 수행한 비서는 펄쩍 뛰면서 장군의 무례함을 성토했다.
그러자 링컨 대통령은 수행원의 흥분을 가라앉히며 차분하게 이야기했다.

"이보게. 나는 이 전쟁에서 승리만 해준다면 장군의 말고삐라도 잡을
수 있다네."

일개 장군이 자신의 직속상관이자 한 나라의 대통령에게 잊을 수 없는
결례를 범했다. 한 나라의 대통령이 겪은 수모치고는 너무나 말도 안 되는
것이었지만, 그는 자신이 원하는 것을 얻기 위해 체면이나 자존심 따윈 아
무래도 상관없었던 것이다.

내가 강조하고 싶은 이야기는 '꿈에 진실하라'는 이 한마디이다. 난 지
금 뉴욕행 비행기 안에서 마지막 원고를 정리하고 있다. 13시간의 비행시
간이지만 이번엔 짧게 느껴지며 피로감도 생각보다 덜하다. 이번 책 출간
은 지난 2011년 7월 여름에 결정했다. 하지만 지금도 확신이 부족하다.
내가 살아온 길이 청년들에게 자신 있게 이야기해줄 내용이 있는지 말이
다.

"이제 내 나이가 40대 중반인데……."

"앞으로 험난한 여정을 뚫고 나가야 할 시간이 훨씬 많이 남아 있는
데……."

"이 치열한 경쟁 속에서 10년 후 난 생존해 있을지……."

생각이 여기까지 미치자, 나는 책 출간을 자꾸만 미루고 싶다. 그럼에도

단 한 가지만큼은 알리고 싶다. 만약 지금 내 이야기를 읽고 있다면 다른 모든 내용은 잊어도 좋다. 그러나 이 한마디만은 기억해줬으면 좋겠다.

"꿈에 진실해라, 간절해라."

청년 때 난 친구와 꿈에 관한 이야기를 나눈 적이 있다. 그 친구는 부유한 집안에서 자란 친구였다. 어느 날 서로 우연히 꿈에 관해 이야기했다. 서로의 꿈 이야기를 나누면서 나는 그 친구가 부러웠다. 그 친구의 꿈에 담긴 아이디어도 좋았다. 무엇보다 그 꿈을 실현할 수 있도록 도와줄 사람들도 많았기 때문이다. 그때 나는 그 친구가 머지않아 크게 성공할 것이라고 믿었나.

그로부터 1년의 세월이 지났을까. 다시 만난 그 친구는 크게 변한 게 없었다. 그리고 1년 전에 나눴던 이야기와 비슷한 내용을 다시 말하고 있었다. 그땐 그냥 그런가 보다 하며 지나갔다. 그로부터 시간이 지나고 나는 이미 프랜차이즈 사업가로 기초를 다져가고 있을 때 다시 그 친구를 만난 적이 있었다. 그런데 그 친구는 수년 전과 별로 달라진 게 없었다.

난 그때 알았다. 꿈에 진실하다면, 꿈을 입으로만 이야기해서 안 되고, 꿈을 생각만 해도 안 되며, 꿈을 마음으로 느끼기만 해서도 안 된다는 것을 말이다. 꿈은 본인의 모든 것을, 모든 시간을, 모든 생각을 집중해서 노력해야 이루어진다. 이게 꿈에 대한 진실이다.

청년들에게 다시 강조하고 싶은 말이 있다. 10년 후에 반드시 성공하고 싶다면, 100퍼센트 성공하고 싶다면 오로지 복표에 집중하라. 지금 당장은 아무것도 필요 없다. 물론 돈도 필요 없다. 현재의 시각, 마음, 생각, 행동 등 내 모든 것을 다 바쳐 오직 목표만을 향해 집중해야 한다. 노력하는 것을 포기하지 않으면 된다.

꿈에 진실했다면 목표를 달성할 수 있는 구체적인 방법들이 조금씩 보이기 시작할 것이다. 내 경험을 돌이켜 보았을 때, 회사의 크기가 아닌 꿈의 크기가 성공을 좌우할 수 있다. 원대한 꿈을 가져보라고 말하고 싶다. 10년 후를 생각하면서 말이다.

대한민국 토종 커피 브랜드를
뉴욕 맨해튼 한복판에서
만날 수 있다는 상상만으로도
온몸에 전율이 흐르며 표현할 수 없는
감동으로 가슴이 벅찼다.

대한민국 토종 커피 브랜드를
뉴욕 맨해튼 한복판에서
만날 수 있다는 상상만으로도
온몸에 전율이 흐르며 표현할 수 없는
감동으로 가슴이 벅찼다.

# 03

# 적진 한복판이
## 최고의 학교다

"우리나라 사랑방 문화가 해외에서도 통하네?"

카페베네 뉴욕 진출을 준비할 때 대부분의 주위 사람들은 현실을 직시하지 않고 단지 꿈같은 생각이라는 반응을 보였다. 나도 그들의 반응을 어느 정도 수긍했다. 뉴욕은 전 세계 경제를 움직이는 도시로 가장 열정직이고 빠르게 움직이는 곳이다. 그런데 이곳에 '유럽의 여유 문화' 그리고 '대한민국 사랑방 문화'가 콘셉트인 카페베네를 런칭하겠다는 내 생각은 현실과는 동떨어진 하나의 도전이고 꿈이었다.

삼성이나 LG 같은 대기업의 단순 브로드웨이 전광판 광고가 아니다. 우리 카페베네가 만든 대한민국 토종 커피 브랜드를 뉴욕 맨해튼 한복판에서 만날 수 있다는 것만 생각해도 온몸에 전율이 흐르며 표현할 수 없는 감동이 밀려왔다. 이 느낌을 포기할 수 없었다. 하지만 난 분명 사업가이다. 나를 밀어주고 있는 직원들의 기대에 실망감을 주고 싶지는 않았다. 현실적인 측면도 고려하지 않을 수 없었던 것이다.

그때부터 꿈과 현실을 오가며 분주히 뉴욕진출 성공전략을 짜기 시작했다. 많은 사람을 만나고 또 자료들을 들여다보면서 수없이 고치고 또 고쳐가며 꿈을 실현 하기위한 전략을 만들어 나갔다. 그러나 사람들은 여전히 '객관적인' 판단을 하라며 수치를 들고 나를 설득하려 했다. 지금이라도 포기하라는 것이다. 그러나 나는 그 숫자들을 보면서 오히려 마음을 다잡아갔다.

숫사란 과연 무엇을 의미하는 걸까? 현실 속 숱한 조언을 해주는 경영전문가들은 객관적인 수치를 나에게 들이대기 시작했다. 종이에 적힌 숫자는 불변의 진리인 양 압박감을 준다. 마치 숫자가 제시한 결과를 무시하면 재앙을 겪게 된다는 암묵의 경고처럼 다가온다. 그러나 혹자의 말처럼 숫자는 수영복을 입은 사람과 다름없다. 결국 모든 것을 보여주는 것이 아니라는 것이다. 숫자 뒤에 숨은 여러 가지 변수와 가능성까지 생각해야 한다. 그 변수에는 진실한 꿈과 카페베네 모든 가족의 열정이 숨어 있다. 이제 시작된 것이다. '죽는 날까지 포기할 수 없는 나의 꿈' 말이다. 카페베네 해외 1호점을 뉴욕으로 결정하고 첫 걸음을 떼었을 때 재무적 투자자들은 나에게 같은 질문을 던졌다.

"왜 한류가 잘 통하는 동남아부터 시작하지 않느냐?"

물론 동남아가 아닌 뉴욕을 해외 1호점으로 진출했다가 3년도 안 돼 철수한다면 그 위험이 훨씬 클 것이다. 하지만 큰 산을 넘으면 작은 산을 넘기는 쉬울 것이다. 큰 산을 넘기 위해서는 수많은 시련과 고통이 따라올 것이다. 하지만 나의 꿈은 변하지 않았다.

2010년 10월, 추석 연휴에 뉴욕을 방문했다. 미리 서울에서 준비한 뉴욕 건물들에 대한 자료를 가지고 맨해튼에 도착했다. 그리고 타임스퀘어에 있는 건물들을 하나하나 방문하며 유동인구와 상권을 유심히 살펴봤다.

현지 부동산 중개인을 비롯해 여러 부동산 전문 업체의 도움을 받아 세계적인 경제 중심지이자 관광명소로 유명한 맨해튼 일대를 샅샅이 뒤졌다. 이때 카페베네가 뉴욕에 진출하려고 한다는 소문을 들은 뉴욕의 교포들은 우려를 나타냈다. 그들도 무작정 맨해튼에 들어가지 말고 차라리 한인타운이 형성되어 있는 32번가에 먼저 오픈할 것을 권유했다. 기어이 맨해튼에 매장을 만들더라도 150제곱미터(약 50평) 이하로 개설하라고 조언했다. 그러나 나는 100평 이상의 대형매장을 원했다. 변호사는 나보고 미국 문화를 몰라도 너무 모른다고 말했다. 미국인들은 친구와 함께 커피 전문점에서 만나지 않을 뿐더러 비즈니스 미팅은 더더욱 하지 않는다는 것이다. 이곳의 모든 사람은 테이크아웃으로 커피를 마신다며 50평 미만으로 개설해야 한다고 주장했다.

그러나 나는 대형매장을 고집했다. 그들의 룰에 따라 테이크아웃을 전문으로 한다면 카페베네만의 차별화가 돋보일 수가 없다. 결국, 2010년 11월에 지금 카페베네가 들어선 49번가의 브로드웨이 코너에 점포를 확정하고 건물주와 면담을 했다. 건물주는 유대인으로 맨해튼에서 부동산과 외식업을 통해 크게 성공한 기업가였다. 그는 서울에서 커피 전문점이 들어온다고 하니 조금 의아한 표정으로 나를 바라봤다. 하긴 그도 캐나다 팀홀튼커피 사업을 뉴욕에서 하고 있어서 나름 커피에 대해서는 제법 아는 정도였는데 한국의 커피는 생소했던 것이다. 나는 그에게 서울에 있는 카페베네 매장 숫자와 더불어 한국에서 스타벅스를 앞선 이야기 등을 설명했다. 그제야 그는 매장에 시설투자를 얼마만큼 할 것인지를 물었다.

나는 투자 계획을 묻는 그에게 당당하게 평당 1,000만 원으로 계산해서 200평이니 총 200만 달러를 투자할 계획이라고 대답했다. 그렇게 계약이 이뤄졌다. 그 후 계약서 초안을 보았다. 주방 집기와 의자 및 탁자를 제외하고 매장 벽에 부착될 시실물 투자에 200만 달러를 지출한다는 것에 대해 증빙서류를 제출해 달라는 옵션이 들어있었다. 이렇게 계약서 문구를 작성하고 조율하는 데만 무려 3개월 이상의 시간이 흘러갔다. 드디어 계약하는 날, 우연히 엘리베이터에서 회계사를 만났다. 그런데 회계사는 나를 보자마자 대뜸 아찔한 이야기를 하는 게 아닌가!

"내가 뉴욕생활 20년 만에 계약서에 서명할 때 보증을 서는 것은 처음입니다. 하하!"

나는 순간 화가 났다. 나와 카페베네에 있어서 뉴욕 사업이 얼마나 중요한데 돈을 가지고 장난을 치겠는가? 건물주가 말하지 않아도 사업 성공을 위해 더 멋진 시설로 만들려고 투자할 계획이었다. 근데 정작 건물주는 내가 실제로 투자를 하지 않을까 봐 회계사 보증을 내세운 것이다. 순간 얼굴이 굳은 나는 불쾌한 감정을 쉽게 억누를 수 없었다.

'이게 한국 커피의 위상이구나. 아무리 그래도 대체 언제부터 커피가 그

들 것인가?'

계약서에 서명하면서 입술을 지그시 깨물었다. 건물주의 시선과 주변의 걱정 어린 조언들을 다시 떠올렸다. 하지만 서서히 평정을 되찾았다. 내가 꿈꿨던 글로벌 무대로의 진출이 이제 막 시작되는 마당에 처음부터 기가 죽어서는 안 되기 때문이다.

내가 글로벌에 대한 꿈을 가지게 된 것은 콜롬비아와 에콰도르 등 남미를 여행할 때이다. 가족과 함께 여행하다가 어느 한적한 해변에 머물렀다. 둘째인 태강이가 해변에서 콘 아이스크림을 먹다가 그만 실수로 바닷가 모래 위에 떨어뜨리고 말았다. 어쩔 수 없이 모래사장 위에 떨어진 아이스크림을 그대로 두고 뒤돌아서서 걸었다. 그런데 갑자기 뒤에서 "악!" 하는 소리가 들렸다. 태강이의 비명이었다.

깜짝 놀란 나는 급히 뒤를 돌아봤다. 그랬더니 떨어진 아이스크림을 서로 주워 먹겠다고 사람들이 순식간에 몰려들고 있었다. 갑자기 사람들이 몰려드는 바람에 태강이가 놀랐던 것이었다. 참으로 안타까운 상황을 목격한 셈이었다. 놀란 아이의 가슴을 진정시키고 나와 가족들은 바닷가에서 나왔다. 도저히 그곳에서 한가하게 식사를 할 수 없었기 때문이다. 바닷가를 빠져나오면서 여행 안내자에게 한국식당에 안내해달라고 했다. 국외여행을 할 때마다 한 끼 정도는 한식을 즐겨 먹던 터라 그리 부탁을 한 것이었다.

"이곳에는 한국 식당이 없는데요. 예전에는 있었는데 한국 교민 가구 수가 100가구밖에 되지 않아 수지가 안 맞아서 지금은 없어졌습니다."

어쩔 수 없었다. 나는 가족들과 함께 근처에 있는 패스트 푸드점에 들러 햄버거로 끼니를 때웠다. 그런데 햄버거를 먹으면서 주위를 둘러보니 재패니즈 레스토랑이 보였다.

"여긴 일본 사람들이 많이 사나 보네요. 몇 가구나 되죠?"

한국 교민들의 가구 수가 적어서 한식당은 문을 닫았다. 근데 재패니즈 레스토랑은 버젓이 있는 것을 보고 꽤 많은 일본인이 살고 있다고 짐작을 한 것이다. 그러나 가이드의 답변을 듣는 순간 난 머릿발이 서고 온몸이 굳는 느낌을 경험했다.

"우리 교민보다 일본 사람늘이 더 적어요."

일본인들이 더 적게 산다는데 재패니즈 레스토랑은 영업이 잘되고 있었다. 순간 머리를 스치는 생각이 있었다. 지금까지 일본이라는 문화를 알렸던 게 도요타나 소니만이 아니었다. 저 수도 없이 많은 재패니즈 레스토랑들이 일본의 문화를 알린 것이었다. 좀 전에 봤던 바닷가의 빈민들은 당연히 일본을 한 번도 가보지 못했을 텐데, 그들의 입에서 사시미, 스시, 덴뿌라와 같은 일본말들이 아무렇지도 않게 술술 나오고 있었다. 그런데 우리는? 나는 한국에서 외식 프랜차이즈 사업을 하고 있던 터라 자괴감은 더 컸다. 그때의 기억으로 난 커피사업을 런칭하면서부터 다짐을 했다.

"커피가 언제부터 미국 것인가? 단지 그들은 워낙 마케팅을 잘하고 비즈니스를 잘하기에 스타벅스가 탄생한 것이다. 그래! 맥도널드 같은 형이 있었기에 스타벅스 같은 동생도 탄생한 것이야. 나도 한번 해보자!"

많은 사람이 우리가 사는 이 세상의 현실은 생각만큼 간단치가 않다고 한다. 꿈을 가지라고 하면 꿈을 이룰 수 있는 현실이 아니라며 냉소를 보내기도 한다. 도전을 이야기하면, 이미 기득권자들이 둘러친 울타리 때문에 헛심만 쓰는 꼴이라고 지레 포기하고 만다. 요즘처럼 희망이라는 단어보다 위기와 절망의 단어가 빈번하게 들리는 시절엔 꿈과 도전이란 단어는 사치로 느껴지기도 한다. 그런데 난 이처럼 세상이 만만하지 않기 때문에 오히려 두려움 없이 도전할 수 있다고 생각한다. 그래서 현재 커피의 종주국인 미국의 한복판에서 글로벌 커피 시장의 주역으로 서기 위한 무모한 도전을 한 것이다.

2011년 5월 10일 오전 11시는 카페베네의 새로운 분기점이 되는 순간이었다. 이 시간에 카페베네 중곡동 대회의실에서 첫 번째 뉴욕기획단 회의가 열렸다. 회의하면서 우리는 다짐했다.

"카페베네 브랜드 네임, 커피, 그리고 디자인만 가지고 간다. 나머지는 전부 놓고 가자. 그리고 철저하게 현지화를 하자. 특히 국내에서 카페베네가 급성장하다 보니까 커피 맛이 없다는 의견이 있는데 우린 인정할 수 없다."

카페베네 커피는 국내 최초로 브라질 농장과 재배계약을 통해 최고의 생두를 들여와서 가장 전통이 깊다는 독일산 프로밧 로스팅 기계를 세팅해서 직접 로스팅을 하므로 커피 맛이 없다는 말은 사실이 아니었다.

"이처럼 잘못된 인식부터 변화시켜야만 한다. 일단 까다롭기로 유명한 뉴요커들의 입맛을 사로잡을 커피를 반드시 보여주자."

비장한 다짐이 오가는 회의는 갈수록 열기를 띠었다. 이때 회의에 참석한 뉴욕 TFT 구성원들은 전부 20대였다. 당시 연구 개발 본부장을 겸한 김수란 상무가 팀장을 맡은 뉴욕 TFT의 젊은 구성원들은 전략적 선택이라기보다는 어쩔 수 없는 선택이었다. 나는 뉴욕에 진출하겠다는 결정을 하고 난 뒤에 다양한 헤드헌터를 통해 해외 경험이 있는 인재를 찾기 위해 노력했다. 하지만 찾을 수가 없었다. 해외 근무 경험자는 대체로 IT 분야에 편중되어 있었다. 외식업 종사자 중 해외 경험을 한 베테랑을 섭외할 수 없었던 것이다.

맨땅에서 뉴욕 진출 준비가 시작됐고, 인력들도 초보였다. 그러나 2011년 6월 뉴욕에 노착한 뉴욕사업팀 본부장을 비롯한 모든 팀원은 초보라 변명하지 않고 사업 성공에 대한 의지를 거듭 다졌다. 그들은 먼저 카페베네가 입점하는 건물에 있는 크라운 프라자 호텔의 10평 남짓한 공간을 임차하여 사무실로 사용하기로 하고 업무를 시작했다. 그리고 뉴욕 골목길을 10개월 동안 발로 뛰었다. 경쟁업체의 메뉴 판매량을 매시간 그 매장 앞에서 체크했다. 뉴요커들이 좋아하는 맛을 만들기 위해 수없이 많은 테스트를 거치면서 준비 했다. 그리고 2012년 1월 26일, 드디어 뉴욕 1호점이 오픈했다.

커피 맛이 매일 다르듯 나도,
카페베네도 '매일 똑같이'가 아니라
'매번 다른 매일'을 지내려 한다.

서비스는 이제 투자비용이 아니라
그 자체가 바로 이익이라고 생각해야 한다.

커피 맛이 매일 다르듯 나도,
카페베네도 '매일 똑같이'가 아니라
'매번 다른 매일'을 지내려 한다.

서비스는 이제 투자비용이 아니라
그 자체가 바로 이익이라고 생각해야 한다.

# 04

# 사랑방 문화로
## 세계와 소통하다

커피의 유래는 대체로 두 가지 이야기로 전해진다. 우선, 에티오피아에서 유래됐다는 설이 있다. 아주 오래전에 에티오피아의 양치기 소년인 칼디는 어느 날 희한한 광경을 목격한다. 자신이 돌보는 양들이 아무런 이유도 없이 미쳐 날뛰고 잠도 자지 않는 것이다. 갑작스러운 모습에 놀란 칼디는 양들의 행동을 유심히 살펴보며 원인을 찾으려고 했다.

칼디가 발견한 것은 체리처럼 빨갛게 생긴 열매였다. 양들이 이상한 행동을 보일 때는 이 열매를 먹고 난 뒤였다. 호기심이 생긴 그 소년은 직접 빨간 열매를 따서 먹었는데 힘이 솟구치고 이상한 기분을 느꼈다고 한다. 그러자 칼디는 빨간 열매를 인근 수도원에 바쳤다. 하지만 수도사들은 신비한 힘을 가져다주는 그 열매가 악마의 열매라고 여겨 모두 태워버렸다. 그런데 열매가 타면서 풍기는 향기로운 냄새에 수도사들은 매혹됐고 타지 않은 열매를 먹어보니 밤새 기도를 해도 잠이 오지 않더라는 것이다. 이렇게 커피 열매는 세상에 알려지고 홍해를 건너 아라비아 반도에 이르리 커피의 재배가 이루어졌다고 한다.

두 번째 설은 아라비아 반도의 이슬람 성직자인 셰이크 오마르가 처음 발견했다는 설이다. 오마르는 어쩌다 죄를 짓게 되어 파문을 당하고 산으로 추방됐다. 쫓겨난 처지에 이렇다 할 먹을 것도 마련하지 못하고 산으로 들어오게 된 오마르는 배가 너무 고파 산속을 헤매다가 문득 새 한 마리가 지금까지 보지 못한 빨간 열매를 쪼아 먹는 것을 발견했다. 새가 먹어도 탈이 나지 않으니 먹을 수 있겠다 싶어 그 열매를 따 먹은 오마르는 몸에 힘이 솟는 것을 느꼈다. 빨간 열매의 효능을 발견한 오마르는 그 열매를 따서 환자들을 치료하는 것에 썼다. 그는 이 공로로 사면까지 받게 됐다고 한다.

커피의 유래에 대한 두 가지 이야기의 공통점은 아라비아 반도에서 커피 재배가 이루어졌다는 것이다. 그리고 커피 열매를 먹으면 힘, 즉 에너지가 솟아나고 졸음을 쫓는 효능을 발견한 것이다. 이런 커피의 시초와 효능을 볼 때 지금의 커피 문화는 상당히 많이 바뀌었다는 것을 알 수 있다. 이제 커피를 떠올리면 아랍의 이미지를 떠올리는 사람은 그리 많지 않다. 또 잠을 쫓기 위한 음료를 구하려고 커피를 찾기보다 커피가 있는 공간의 소비를 위해 커피를 떠올린다. 천 년을 훌쩍 뛰어넘는 세월이 흐르는 동안 커피는 그 종류도 다양해졌다. 에스프레소에서 라떼까지 사람들의 입맛을 돋우기 위해 변했고 유럽의 노천카페에서 카페베네의 사랑방 공간까지 주변의 문화도 달라졌다. 커피가 이렇게 바뀌듯 나와 카페베네도 "매일 똑같이"가 아니라 "매번 다른 매일"을 지내려 한다.

뉴요커들은 커피 맛에 대해 상당히 까다롭다. 전 세계의 사람들로 북적이는 맨해튼이 아무리 개방적인 동네라고 해도 낯선 서울에서 왔다는 커피에 대해 선뜻 받아들이지 못했다.

"도대체 동양의 작은 나라에서, 그것도 커피의 원조와는 무관한 서울에서 온 커피라니……."

뉴요커들의 의문부호는 고스란히 언론의 취재에서도 드러났다. 카페베네의 뉴욕 진출을 취재하러 온『뉴욕타임스』기자도 대뜸 의아하다는 반응부터 보였다. 그 기자는 물었다.

"아시아에서 최초로 뉴욕에 왔는데, 어떻게 서울에서 이곳으로 왔는지, 도대체 무슨 생각으로 오게 됐는가?"

그 역시 전혀 생각지 않은 비즈니스였던 것이다. 마치 미국 사람이 식혜나 수정과를 만들어서 한국의 서울에서 팔겠다고 나서는 것처럼 생뚱맞은 짓을 한다고 여긴 것이나 다름없다.

그러나 나를 비롯한 직원들의 생각은 우리가 뉴요커들의 로맨스를 충분히 충족시켜줄 수 있다고 생각했다. 마음 편히 커피를 마시는 게 아니라 테이크아웃으로 길을 걸으며, 혹은 일을 하며 커피를 마시는 바쁜 뉴욕의 일상에서 잠시라도 벗어날 수 있도록 해주면 좋을 듯했다. 그동안 흔히 보던 도회적 이미지의 아메리칸 스타일이 아닌 빈티지한 스타일로 유럽의 노천카페처럼 여유로운 분위기를 만들어주고 싶었던 것이다.

실제로 유럽의 노천카페나 커피 하우스는 많은 문학과 예술이 탄생한 둥지다. 바쁜 현대인의 삶을 상징하는 뉴욕에서도 각박한 삶에 쫓기기보다 유럽의 노천카페처럼 잠시라도 여유를 즐기며 대화를 나눌 수 있는 '공간'을 제공한다면 분명 찾는 이들이 늘어날 것이라 예상했다.

커피 맛은 요즘 들어 업체에 따른 차이가 거의 없고 비슷하다. 세계적 업체도 커피의 근본이라 할 수 있는 생두의 품질을 변화시키려는 노력을 찾기가 어렵다. 혹시 로스팅의 차이로 커피 맛이 달라질 수 있을까? 생두를 볶는 기계에 따라 미묘한 맛의 차이를 느낄 수 있다지만 기계의 대부분은 유럽산이다. 독일이나 이탈리아에서 제작한 커피 기계나 로스팅 기계들로 콩을 볶고 로스팅을 해서 판매하는 것이다. 그렇다면 결국 사랑방과 노천카페와 같은 편안한 느낌의 매장과 브랜드로 차별화를 시키는 게 오히려 승산이 있었다. 커피를 문화로 접근해보자는 발상이었다. 그러자 낯선 뉴욕, 커피 사업의 본고장에서 런칭을 할 수 있는 용기가 났던 것이다. 미국의 커머스뱅크 CEO인 버논 힐은 다음과 같이 말했다.

"더 좋은 금리 때문에 신규로 계좌를 만드는 사람은 전체의 3퍼센트에 불과하다. 62퍼센트의 고객은 더 나은 서비스와 편리함에 끌려 신규계좌를 만든다. 만약 다른 은행들이 이 3퍼센트를 가지고 경쟁을 한다면, 우리는 62퍼센트의 고객을 위해 노력하겠다."

은행의 본질은 돈과 관련된 것이라 할 수 있다. 그래서 금리는 커피 전문점의 커피가 그렇듯이 은행의 가장 본질적인 경쟁력이 될 수 있다. 하지만 금리 차이가 은행마다 확연하게 다르지는 않다. 그렇다면 고객들은 은

행에서 연상할 수 있는 신뢰와 편리함이라는 서비스에 이끌릴 가능성이 더 높다. 이 은행은 다른 은행에 비해 금리도 낮아서 고객들이 많이 찾는다고 한다.

제품보다 고객이 직접 경험하는 체감도와 서비스가 경쟁력이 되는 요즘에 커머스 은행의 방침은 업종을 불문하고 모범이 될 만하다. 더군다나 커피 전문점은 대표적인 서비스업종이다. 카페베네도 커피 맛은 기본이라고 생각하고 공간의 차별화와 사랑방의 안락함이라는 서비스로 승부를 걸었던 것이다. 서비스는 이제 투자비용이 아니라 그 자체가 바로 이익이라고 생각해야 한다.

우리는 카페베네의 장점으로 정면승부를 벌이면서 또 하나의 히든카드를 준비했다. 나는 한국의 토종 커피 브랜드로 뉴욕에 가기 때문에 뭔가 우리만의 것을 만들어내서 선을 보이자고 주문했다. 먹고 마시는 것 중에 우리만의 것은 많다. 한국 사람들이 즐겨 먹는 수정과, 식혜, 차 같은 음료는 커피 못지않게 오랜 세월 동안 사랑을 받았다. 홍시나 곶감은 어떤가. 생각해볼수록 떠오르는 먹을거리는 넘쳐났다. 그중에서 나는 한 가지가 유독 선명하게 떠올랐다.

어렸을 적에 어머니가 타주신 미숫가루는 더운 여름날에 목마름을 해갈해주고 약간의 허기마저 채워줬다. 쌀, 보리, 콩으로 만든 건강 음료다. 꿀물이나 설탕물에 타서 마시면 무더위의 갈증마저 달랠 수 있는 별미였다. 곡물로 만든 음식이라서 낯선 외국인들도 꺼릴 이유가 없어 보였다.

"미숫가루 라떼를 뉴욕에서도 팔자!"

미숫가루는 이미 서울에서 '오곡라떼'라는 이름으로 판매를 하고 있었다. 반응도 좋아서 맛에 대한 검증은 벌써 마친 상태였다. 미숫가루의 뉴욕진출은 나름의 히든카드였던 것이다. 그런데 지금 미국에서 인기가 좋은 미숫가루 라떼의 영어식 표기와 관련해서 재미있는 에피소드가 있다.

뉴욕 매장 공사가 한창 진행될 무렵인 2011년 가을, 서울 잠실의 한강 유람선에서 특별한 장소에 강의 초청을 받았다. MBC 방송사에서 운영하는 아카데미였는데 주로 예술인들이 청강했다. 아직도 왕성한 활동을 하고 계시는 배우 이순재 선생이 주관하는 행사에는 다양한 분야에서 많은 분이 참석했다. 내 강의가 끝나자 예술 분야에 종사한다는 50대 중반의 한 여성분께서 다가와 미숫가루에 대해 좋은 의견을 주셨다.

"뉴욕 매장을 오픈하면 '미숫가루'라는 순수 우리말을 메뉴 이름으로 써 보세요. 그게 바로 우리 문화에 대한 자긍심이 아닐까요?"

그분의 이야기를 듣는 순간, 머리가 번쩍하는 기분이 들었다. 역시 예술가들은 창의력이 뛰어나구나 하는 생각과 더불어 왜 그런 생각을 미처 못 했는지 부끄럽기만 했다. 나는 그분의 소중한 의견을 강의 다음 날이 되자 곧바로 뉴욕으로 전화를 걸어 알려줬다.

"오곡라떼를 미숫가루로 표기합시다. 그런데 그 표기를 미숫가루라는 우리말 발음 그대로 영어로 적어서 합시다."

나의 지시를 받은 뉴욕팀원들도 전부 모였다. 이미 매장에서 일할 직원으로 30여 명의 뉴요커를 뽑아서 서울의 카페베네 매뉴얼 교육을 받는 중이었다. 그들에게 뉴욕팀의 김 팀장은 미숫가루를 소리 나는 대로 영어로 표기한 뒤에 직접 발음도 해보라고 시켰다. 그랬더니 뉴요커들의 발음도 썩 괜찮게 들렸다. 이렇게 미숫가루는 'MISUGARU'라는 영어 표기와 소리를 검증한 뒤에 정식 메뉴의 이름으로 확정했다. 나중에는 한국의 메뉴판에서도 오곡라떼가 아니라 미숫가루로 변경을 시켰다.

뉴욕에 처음 매장을 개점하고 나자 유학생들과 교민들이 찾아왔다. 고맙게도 그분들은 카페베네의 이름만 보고도 감동을 했다고 했다. 우리나라 브랜드에 대한 자긍심이 들었다면서 감격해 한 것이다. 특히 미숫가루의 영문 표기를 보고시는 다들 즐거워하거나 벅찬 표정을 짓는 등 너무나 기뻐했다. 뉴욕은 우리나라와 다르게 주문한 메뉴가 나오면 진동 벨을 울리지 않고 픽업 바에서 메뉴 이름을 부른다. 당연히 미숫가루라는 이름이 수시로 들리고, 뉴욕 토박이들도 즐겨 마시는 모습을 쉽게 볼 수 있다. 마치 올림픽경기를 관람할 때 태권도 시합 중에 우리말로 외국 심판들이 외치는 "차렷" "경례"와 같은 말을 듣는 것과 같은 느낌이 든 것이다.

뉴욕에서 미숫가루 이야기나 동포들의 방문 등 여러 가지 감동적인 사례가 곧바로 서울로 전달되자, 서울에 있는 많은 카페베네 직원들도 눈시울을 붉히곤 했다. 서울에서의 반응이 이 정도였으니 뉴욕 현장에 있던 직원들은 오죽했겠는가. 뉴욕팀원들은 매장을 개점하고 전부 울었다고 한다. 그동안 고생했던 시간이 주마등처럼 스쳐 지나갔을 것이다.

뉴욕에 있는 많은 거래처와 납품업체들이 우리와 첫 거래를 시작할 때 힘들게 했던 순간들도 떠올랐을 것이다. 그러나 뉴요커들의 직설적인 환호와 칭찬에 힘들었던 순간은 어느덧 먼 과거의 이야기처럼 느껴졌다. 뉴요커들은 자신들이 느끼는 감정을 서슴없이 이야기했다.

"지금까지 스타벅스 커피에 조금 식상해 했는데 신선한 브랜드가 들어와서 아주 좋다."

"커피 맛 최고다!"

"매장 디자인이 아주 예쁘다."

우리가 생각했던 것보다 더 좋은 반응이 쏟아졌다. 특히 뉴욕에 있는 다양한 브랜드들과 비교하면서 카페베네가 최고라고 하니 그동안 불면의 밤을 보내며 긴장해야 했던 나와 직원들은 쾌재를 불렀다.

이처럼 카페베네의 사랑방 문화는 뉴욕에서 잔잔한 반향을 일으켰다. 우선 뉴욕에 있는 많은 한국 유학생들이 밤만 되면 카페베네의 빈자리를 채워줬다. 오후만 되면 미국의 커피전문점들도 한산해지는데 그곳들과 달리 카페베네에는 우리나라 브랜드라며 유학생들이 응원을 해주며 삼삼오오 모여들어 매장을 채워줬다. 유학생들의 카페베네 사랑은 나에게 낯선 곳에서의 소중한 혜택이었다. 그리고 유학생들이 매장에 앉아 수다를 떨고 책을 읽는 모습을 본 뉴요커들도 하나둘씩 찾아오기 시작해 성공적인 런칭을 할 수 있었다.

무모하다 못해 만용이라는 표현까지 들었던 카페베네에는 요즘 빈 좌석을 거의 볼 수 없을 정도로 많은 사람이 찾고 있다. 낯선 사랑방문화가 뉴요커들에게도 통했던 것이다. 개별화되고 시간을 분초로 나누어 바쁘

게 살아가는 현대인들에게 사랑방과 같은 아늑하고 편안한 소통의 공간

문화가 다른 나라에도 매력적으로 다가갈 수 있음을 확인한 셈이다.

나는 한류 열풍에 갈채를 보낸다.
왜냐하면 그들이 좋아하는 한국음악을 듣고
그들이 즐겨보는 한국 드라마에 대해
수다를 떨 수 있는 최적의 공간이 바로
커피 전문점이지 않는가!

# 05

# 한류를 타고
# 중동까지 진출하다

"한국의 커피가 중동을 간다?"

우리나라는 수출로 먹고사는 대표적인 국가이다. 한강의 기적을 보여준 우리나라는 내실 있고 실력이 뛰어난 아래도급 국가에서 글로벌 1등 브랜드를 창출하는 경제선진국으로 발돋움하고 있다. 그동안 전자, 선박, 자동차 등 제조업에서는 전 세계 사람들이 인정하는 브랜드가 나왔다. 이제는 유통, 식품, 서비스 업종의 브랜드도 한국이라는 울타리를 넘어 세계 무대를 넘보고 있다.

나는 뉴욕 맨해튼에 카페베네를 론칭한 뒤 사람들이 그토록 강조하던 중국 시장에 카페베네를 진출시키기로 했다. 중국은 차 문화가 발달한 만큼 아직 커피에 대한 수요가 그리 많지 않다. 그러나 이를 거꾸로 해석하면, 그만큼 미지의 시장이 크다는 뜻도 된다. 시간이 갈수록 중국인들은 외국 문화를 받아들이는 속도가 빨라지고 있다. 더군다나 한류 열풍은 드라마와 음악뿐만 아니라 음식과 서비스에서도 그 힘을 발휘하고 있다. 이 때문에 한국 브랜드에 대해 중국인들이 호의직이기 때문에 시장에서의 성공 가능성이 높다는 게 현지의 반응이다.

뉴욕 진출이 성공하면서 글로벌 브랜드의 입지를 갖춘 카페베네가 전 세계의 커피 브랜드들이 주목하는 중국시장까지 진출한다면 진정 글로벌 기업이 되겠다는 목표에 한 발짝 다가설 수 있게 된다. 앞으로 3년 이내에 중국 전역에 카페베네의 커피 향기가 퍼져나갈 수 있을 만큼 매장을 개설하여 국내에서처럼 1등 커피 전문점 브랜드로 만들겠다는 계획을 2012년 4월에 중국 특파원들을 모아놓고 발표 했다. 그리고 베이징에 직영매장을 오픈하는 날 한국의 스타연예인인 장혁 씨와 한예슬 씨의 팬 사인회도 함께 개최했다. 그러자 구름 같은 사람들이 이곳을 찾아왔고 중국의 언론도 주목할 수밖에 없었다.

중국인의 커피 소비는 2011년 기준으로 개인이 연간 3잔을 마신다는 조사결과가 있다. 우리나라는 312잔이기에 중국에 커피 소비 성장 가능성은 매우 높다고 볼 수 있다. 이런 시장의 성공 가능성을 발견한 카페베네는 현지의 공동사업자를 찾았다. 그래서 만난 회사가 '중기투자집단'으로 부동산과 외식업을 하는 기업이다. 이 회사의 CEO인 육장청 회장은 50대 초반으로 상당한 열정과 배려심이 깊은 기업가다. 내가 베이징에 사업차 첫 방문을 하던 날, 밤 10시에 호텔에 도착했다. 그런데 그 늦은 시간까지 나를 기다리고 있었다. 그 호텔 뷔페식당도 나 때문에 문을 닫지 못하고 대기하고 있었다. 그뿐만 아니다. 육장청 회장도 그날 독일에서 귀국했기 때문에 시차 적응으로 피곤했을 텐데 새벽까지 사업 이야기를 할 정도로 열정적이었다. 육 회장은 카페베네의 사업 파트너로서 성공을 위해 상당한 공을 들였다. 그날 그가 나에게 한 이야기는 놀라웠다.

"내일 CCTV를 포함한 중국 기자단 100여 명, 중국 유명연예인, 그리고 각종 단체장을 초대했습니다."

그는 자신의 말에 깜짝 놀라는 나에게 호텔 행사장을 보여줬다. 행사장은 정말 웅장했다. 700명 정도 수용하는 특급호텔 행사장인 만큼 시설이 어마어마했던 것이다. 중앙무대에는 왼쪽과 오른쪽에 각각 미니 카페베네를 약 3평 정도 크기로 2개를 만들어놓았다. 미니 카페베네는 실제 카페베네 매장을 축소한 것으로 행사가 진행되는 시간 내내 2쌍의 연인 컨셉으로 고객처럼 앉아 있을 예정이었다. 그리고 실제 매장처럼 와플을 먹고 커피를 마시면서 대화하는 장면을 보여주는 것이다. 나는 그 무대를 보고 그들의 디테일한 면모에 감동했다.

사실 내가 서울에서 베이징으로 출발할 때 그들이 중국에 직영 매장을 개설하기 위해 3,000억 원의 캐시를 확보했다는 이야기를 듣고는 그냥 웃어넘겼다.

"무슨 3,000억 원을 벌써 확보해. 그런데……, 혹시 정말일까?"

정작 중국에 도착해서 육 회장을 만나서 직접 이야기를 들으니 괜히 민망하기도 했지만, 그의 사업 성공에 대한 확신과 열정을 확인하니 내 피가 뜨거워지는 것을 느낄 수가 있었다.

나는 베이징에서의 첫날밤을 파트너인 육 회장과 함께 성공에 대해 확신하며 보냈고, 그 다음 날 긴장과 기대가 뒤섞인 마음으로 행사장에 나갔다. 베이징 왕징 푸마점의 오픈행사가 진행되는 동안, 나는 그곳에서 한국 특파원 50여 명의 기자와 간담회를 진행했다. 언론에서 카페베네가 뉴욕 진출할 당시 못지않게 깊은 관심을 보여주니 감개무량했다. 내가 그동안 해외 진출을 하기 위해 노력한 것이 그저 돈을 벌기 위한 것만은 아니라는 것을 인정해주는 것 같았기 때문이다. 지난날 남미 여행에서 다짐했던 외식업의 글로벌 진출이야말로 한국문화를 알리는 데 중요하다는 것을 인정해주는 듯해서 더욱 마음이 흐뭇했다. 기자들도 한국의 커피 전문점 브랜드가 뉴욕에 이어 중국까지 진출한 것에 대해 의미를 부여하며 기자간담회의 분위기는 무르익어갔다. 그리고 기자간담회가 끝나갈 무렵에 모 언론사의 한 기자가 질문했다.

"김 대표님, 3년 안에 중국에서 1등을 하고 나면 무엇을 할 것인가요? 너무 빨리 달리는 것 아닙니까? 지금 40대 중반인데, 50대에는 무엇을 하시려고 지금 다 해버리려고 하십니까. 지금 다하기엔 너무 젊다고 생각하지 않나요?"

중국 사업과 무관한 개인적인 질문이라 생각되어 당시에는 그냥 웃고 넘어갔다. 그런데 행사를 마치고 서울로 돌아오는 비행기 안에서 자꾸만 그 질문이 떠올랐다.

"정말 그 기자의 말처럼 내가 너무 성급하게 가고 있는 것은 아닌가? 앞으로 10년 후에는 나는 무엇이 되어 있을까?"

스스로 질문을 던졌던 나는 지금까지 생각해오던 평소의 생각이 금방 떠올랐다. 늘 그렇듯이 나에게 현재와 미래에 대한 질문을 하면 늘 결론은 한 가지였던 것이다.

"10년 후 내 목표는 생존이다. 그렇게 생존하기 위해서 이제는 뉴욕과 중국에 이어 동남아시장에 진출한다!"

속도는 조절할 수 있지만 목표는 바뀌지 않는다. 또한 동남아시아 시장에서 3년 후에 최고의 커피 브랜드가 되는 것은 불가능한 이야기가 결코 아니다. 물론 지금까지 글로벌 1위를 달리고 있는 브랜드는 나보다 20년 전인 1988년에 창업을 했고, 그 회사의 CEO는 무엇보다 커피업계에 새로운 획을 그은 입지전적인 인물이다. 그리고 뉴욕에서 느꼈지만, 그들은 결코 늙은 기업이 아니며 젊고 빠른 기업처럼 움직인다. 그러나 내가 주눅이 들 이유는 없다. 뉴욕과 중국의 성공적인 진출도 누가 그 성공을 보장했기 때문에 이룬 것이 아니다. 만만하게 볼 이유는 없다. 하지만 지금처럼 최대의 노력을 다한다면 목표 달성이 충분히 가능하다고 나는 100퍼센트 확신한다.

이런 나의 결심은 곧바로 실행에 옮겨졌다. 그리고 조만간 중국 시장 진출에 이어 필리핀에도 카페베네 매장을 연다. 마닐라에 두 곳의 매장을 개점하는 카페베네는 아시아 시장에서 1등 브랜드를 목표로 하는 우리의 계획이 실현되는 징검다리이다. 그리고 이미 일본, 캄보디아, 말레이시아, 싱가포르, 인도네시아 등에도 마스터 프랜차이즈 계약을 마쳤다. 이제는 2013년도부터 동남아의 주요나라에서 카페베네를 보게 될 것이다. 그리고 미국에서도 아주 빠르게 사업이 확대되고 있다. 뉴욕에 이어 로스앤젤레스에도 한예슬 씨의 매장이 한인타운에서 영업 중이고 뉴저지, 댈러스, 맨해튼에 추가 매장이 확정된 상태이다.

그리고 글로벌 브랜드로 입지를 더욱 다지기 위해 중동시장에도 진출한다. 국내에서는 최초로 중동에 진출하는 커피 전문점 브랜드가 된 카페베네는 사우디아라비아의 케덴그룹과 손을 잡고 새로운 도전을 하고 있다. 고유한 커피 문화를 가진 중동은 이미 스타벅스의 진출로 커피 시장이 빠른 추세로 성장하고 있다. 사우디아라비아도 'Dr. Cafe'라는 자국의 브랜드가 급속도로 성장하고 있을 정도로 시장이 활성화되고 있다.

중동지역도 중국처럼 한류 효과를 기대할 수 있다. 최근 중동지역은 한국 드라마와 K-POP 등 한류 문화의 열풍과 메이드 인 코리아 제품에 대한 반응이 매우 뜨겁다고 한다. 나는 그들의 한류 사랑이 커피 전문점에 상당히 긍정적인 영향을 미칠 것이라고 확신했다. 다양한 메뉴에 편안하고 고급스러운 실내장식이 가미된 카페베네는 한국과 뉴욕에서 그러했듯이 새로운 커피 문화를 만들어내 그들의 사랑방이 될 것이다.

블랙스미스의 실내장식은
우리나라 대장장이의
장인정신을 살린 작품들이다.
기존 이탈리안 식당의
분위기를 블랙스미스가
과감히 무너뜨린 것이다.

블랙스미스의 실내장식은
우리나라 대장장이의
장인정신을 살린 작품들이다.
기존 이탈리안 식당의
분위기를 블랙스미스가
과감히 무너뜨린 것이다.

# 06

# 멀리 보고
## 장인정신으로 승부하라

"김 사장 너무 위험하지 않을까? 내가 잘 아는 대기업도 얼마 전에 이탈리안 레스토랑 런칭을 준비하다 최근에 포기했대. 아무튼, 이탈리아 음식은 쉽지 않은 아이템일 거야."

2011년 1월의 어느 날이었다. 여전히 추위가 기승을 부리던 그날에 나는 하얏트 호텔에서 컨설팅회사대표로부터 이탈리안 레스토랑 런칭에 대한 우려 깊은 조언을 들었다. 새로운 사업에 대해서 그분을 포함한 많은 분이 우려를 나타냈다. 그때까지 국내에서 이탈리안 레스토랑이 프랜차이즈 사업으로 성공한 사례가 없었기 때문이다. 게다가 이 시장은 대기업들이 직영점 위주로 사업을 해오던 영역이었다. 또 가맹점 투자비용도 카페베네의 런칭 때와는 비교할 수 없을 만큼 큰 비용이 들어간다.

보통 카페베네 창업비용은 평균 5억 원대라면, 우리가 준비한 이탈리안 레스토랑인 블랙스미스는 10억 원이 넘는 창업비용이 들어가는 구조였다. 하지만 난 가능성을 보았다. 그것은 창업수요자뿐만 아니라 고객들의 요구가 있다고 생각했다. 소득 2만 달러 시대에는 이탈리아 음식에 대한 수요가 급증한다는 것이다. 그리고 메뉴 경쟁력, 디자인 경쟁력, 마케팅 경쟁력까지 충분하다고 생각했다. 가장 중요한 신규 사업에 투자할 수 있는 자본금도 마련되어 있었다. 카페베네가 2008년에 런칭할 때만 해도 작은 중소기업에 불과했다. 그러나 지금은 글로벌 브랜드와의 경쟁에서 우위를 확보한 경력은 무엇을 해도 성공할 수 있다는 기대감을 주기에 충분했다.

먼저 신규 사업을 위해 하나하나씩 철저하게 준비를 하기 시작했다. 먼저 디자인은 나장수 고문에게 일임했다. 나 고문은 카페베네 뉴욕점의 디자인을 진두지휘하며 공사까지 마무리해 주었다. 그의 경력도 다양하다. 디 초콜릿 커피를 압구정 로데오에 직접 런칭했고 디 초콜릿 엔터 회사 대표까지 역임한 경력이 있었다.

블랙스미스 디자인은 기존에 이탈리안 레스토랑의 분위기와는 사뭇 다른 모습으로 변화를 줬다. 기존 이탈리아 식당들은 조금 우아한 분위기에서 식사를 즐긴다면, 블랙스미스는 테이블 간격도 좁고 조명도 어둡고 음악 소리는 미국 선술집에 온 것같이 시끄럽다. 기존 이탈리안 레스토랑과는 비교도 되지 않을 만큼의 혁신적인 디자인과 매장운영 시스템을 구현한 것이다.

매장에서 사용하는 그릇 하나하나 그리고 의자와 탁자를 전부 다 블랙스미스만의 것으로 디자인했다, 시중에서는 찾아볼 수 없는 블랙스미스에만 존재하는 가구들이다. 그리고 매장 중앙에 설치된 조명은 마치 대장장이가 불구덩이에서 막 달군 쇳덩이처럼 연출했다. 이 조명을 만들기 위해 많은 시간 동안 공을 들이며 노력했다.

블랙스미스의 실내장식은 대장장이의 장인정신을 살린 작품들이다. 이렇게 해서 카페베네에 이어 또 하나의 새로운 문화를 만들어가고 있다. 기존의 이탈리안 음식은 가격 때문인지 식당 분위기도 고급스럽게 만들어서 괜히 식당의 문턱만 높았다. 이런 문화를 블랙스미스가 과감히 무너뜨린 것이다.

강남점 1호점을 공사하면서 배우 송승헌 씨와 미팅을 요청해 다양한 마케팅 및 모델전략에 대해 자문을 얻었다. 이때 서로 의견을 모은 것은 일본이었다. 일본은 아시아에서 이탈리안 레스토랑이 가장 성업 중인 나라이다. 그렇다면 카페베네의 성공전략을 다시 한 번 활용하기로 했다.

카페베네가 뉴욕을 공략했듯이 블랙스미스가 국내에 성공적인 런칭을 한 후 일본을 공략하자는 것이다. 상당히 일리 있는 의견이었다. 그래서 블랙스미스 모델들은 모두 일본에서 통할 수 있는 한류스타로 구성했다. 이름만 들어도 유명한 박유천, 김태희, 송승헌 씨로 확정하고 2011년 10월에 지면촬영을 했다. 이때 나는 블랙스미스의 성공을 예감할 수 있었다.

블랙스미스의 강남점을 개점하자 고객들의 반응은 좋았다. 맛에 대한 평가도 좋았고 매장 디자인에 대해서도 후한 점수를 받았다. 메인모델인 송승헌 씨도 사무실로 찾아와 블랙스미스의 성공에 대해 기뻐했다.

"제 주변 사람들도 블랙스미스 이야기를 많이 합니다. 강남점의 분위기가 아주 좋고 맛도 최고라는데요."

송승헌 씨는 칭찬만 하는 게 아니었다. 신사동 가로수길 앞에서 블랙스미스 가맹 1호점을 본인이 직접 투자하겠다고 제안했다. 난 송승헌 씨를 좋아한다. 송승헌 씨를 알고 있는 사람은 내가 왜 그를 좋아하는지 알 것이다. 그는 스타이면서도 진심으로 겸손하며 팬들을 위해 항상 온 힘을 다하려고 노력하는 배우다. 그런 그가 블랙스미스 가맹 1호점을 열겠다고 하니 나로서도 기분 좋은 일이었다. 신사동 블랙스미스는 지금도 송승헌 씨가 운영하며 국외에도 소문이 나서 주말이면 항상 일본 관광객들로 손님이 넘쳐나고 있다.

나는 2010년에 카페시루를 접고 새롭게 선택한 블랙스미스에 대해 후회하지 않는다. 외식업을 하면서도, 특히 프랜차이즈 사업을 하면서 가맹점의 성공은 기본이다. 신년회 때 전 직원들이 외치며 다짐했다. 블랙스미스의 다양한 메뉴를 더욱더 가깝게 경험하고 즐기는 고객들을 위해 온 힘을 다하자는 다짐이었다.

30명의 인원으로 구성된 맛 평가단은
그 열정이 대단하다.
매월 모임에는
나도 직접 참어한다.
그날은 블랙스미스에 대한
서비스, 맛, 디자인 등 모든 부분을 놓고
토론을 한다.

# 07

# 최고의 품질은
# 어떻게 만들어지는가

블랙스미스의 주요 메뉴만 해도 40가지가 넘는다. 그것도 수프, 샐러드, 파스타, 스테이크 등 구성도 다양하다. 나는 외식업을 하면서 외식업의 본질은 맛에 있음을 그 누구보다 잘 안다. 그리고 그 맛을 실현하기 위한 시스템 개발을 위해 고민을 했다. 그런데 맛과 관련한 시스템 개발의 계기는 내가 자주 찾는 어느 이탈리아 식당에서 겪은 일 때문이었다.

나는 가로수 길을 자주 간다. 언제부터인가 그 어느 동네보다 트렌디한 브랜드들이 옹기종기 모여 있다. 내가 즐겨가던 이탈리아 음식점이 여기에 있다. 하루는 그 맛이 조금 다른 느낌이었다. 그래서 대표를 불러서 그 이유를 물었더니 뜻밖의 이야기를 했다.

"아, 예, 사실은 어젯밤 메인 셰프가 술을 많이 마셔서 오늘 출근을 아직 안 했네요. 그래서 맛이 조금 다른가 봅니다."

이탈리아 음식은 한식과 비슷하다. 손맛이 있다는 이야기다. 파스타 면을 1분만 더 삶아도 덜 삶아도 그 맛이 하늘과 땅 차이처럼 크다. 그만큼 그릴 위의 가스 불을 질 볼 줄 알고 다뤄야 본연의 파스타 맛을 실현할 수 있다는 것이다. 그 불을 자유자재로 다룰 수 있으려면 사람마다 다소 차이는 있겠지만, 주방경력이 5년 이상 되어야 한다.

블랙스미스도 이 식당처럼 맛에 대한 문제가 언제든지 일어날 수 있었다. 그래서 나는 이 문제를 풀기 위해 다양한 전문가들과 만나기 시작한다. 그러던 중 조우현 고문을 만나게 된다. 조우현 고문은 세계요리 대회에 이탈리아 요리로 대상을 받을 정도로 수준이 높은 실력자다.

조우현 셰프가 세계대회에 출전을 준비할 때는 대한민국 유명 특급호텔 메인 셰프들이 한자리에 모인다. 그리고 팀을 구성해서 출전하는데 그 자부심도 대단히 높았다. 나는 먼저 그를 설득시켜 블랙스미스 고문으로 위촉하고 그때부터 조 고문과 나는 메인셰프 양성에 돌입했다.

"먼저 경력은 5년 이상으로 하고 제가 직접 면접하며 선발해도 되나요?"

"네. 당연하지요."

나는 조 고문과 마음이 척척 맞았다. 그리고 우린 중요한 결정을 한다. 블랙스미스 가맹점의 메인 셰프들을 모두 본사 직원으로 구성한다는 것이다. 그리고 매장에 1년 단위로 순회방식으로 투입하며 매달마다 맛에 대해 평가를 하고 '미스터리 샤퍼'를 통해 맛이 없는 매장은 즉각 메인 셰프를 교체 투입했다. 본사에서 운영하는 시스템처럼 하자는 것이다. 나는 조 고문과 함께 조리와 관련한 시스템을 정리하고 나자 온몸에서 뜨거운 전율을 느꼈다.

"그래! 본사 직원이라면 철저한 레시피를 지킬 것이다."

"원가를 아끼기 위해 재료를 변경하지도 않을 것이다."

"그리고 가장 중요한 '인사권'을 내가 가진다면 블랙스미스 주방은 모두 본사직원이 되는 것이다."

이렇게 정리를 하자 가맹점이 본사와 같다는 강렬한 느낌이 들게 됐다. 시스템 정리가 끝나자 곧바로 실행을 위한 준비에 들어갔다. 대형 교육장을 서울의 광진구 중곡동에 만들고 회사 방침을 세웠다. 그 어느 가맹점도 셰프는 본사 직원만이 할 수 있다는 업무 기준을 만들었다. 이 기준은 확고했다. 지방에서 블랙스미스를 열 때였다. 해당 가맹점 대표가 본인이 잘 알고 있는 이탈리아 셰프가 있다면서 예외를 인정해 줄 수 없느냐고 물었다.

"죄송합니다만, 그럴 수 없습니다. 그 어떤 경우에도 예외는 없습니다."

이 시스템과 관련해서는 그 어느 매장이라도 단 한 개의 예외조차 인정하지 않을 것이다. 다시 말해 블랙스미스는 100퍼센트 본사 직영점과 같은 방식으로 주방이 운영된다는 사실이다. 물론 비용은 본사에서 운영하기에 다소 많이 들어간다. 하지만 외식업의 본질은 맛이다. 좋은 맛을 만들기 위해 블랙스미스 100명이 넘는 셰프들은 오늘도 매장에서 노력을 다하고 있다.

블랙스미스에는 맛 평가단이 운영된다. 30명의 인원으로 구성된 맛 평가단은 그 열정이 대단하다. 매월 모임에는 나도 직접 참여한다. 그날은 블랙스미스에 대한 서비스, 맛, 디자인 등 모든 부분을 놓고 토론을 한다. 그리고 현장 방문에 관해 이야기도 한다. 공식 평가단이이서 그런지 사명 감이 대단하고 느낌도 거침없이 표현한다.

한 단원은 강남역점에 어머니와 함께 방문했는데 대기를 하게 됐는데, 매장 직원이 그 단원의 순서를 놓쳤음에도 사과조차 하지 않더라는 이야 기를 거리낌 없이 했다. 대표이사인 내 앞이라고 해서 주저하는 게 없었 다. 이렇듯 모든 단원이 블랙스미스의 전 매장에 대해서 좋은 점과 잘못된 점들을 이야기한다. 그 이야기들을 듣다 보면 어떤 경우에는 즐겁기도 하 지만 매장의 잘못된 서비스에 대해 들을 때는 가슴이 저리기도 한다. 하지 만 난 그 시간이 즐겁다. 블랙스미스의 문제점을 찾아내고 개선해 나가기 때문이다.

맛 평가단이 미팅하던 어느 날이었다. 단원 중 한 분이 미역국 파스타 를 개발하자는 의견을 주었다. 메뉴의 다양화도 맛에 못지않은 경쟁력의 차별화 요소이다. 그 단원은 생일 미역국을 집에서도 먹지만 친구들과 생 일 축하를 하면서 먹는다면 좋겠다는 의견을 내놓았다. 미역국 파스타는 다소 생소한 메뉴 이름이었다. 그러나 나는 그 이야기를 듣자마자 무릎을 탁 쳤다. 그리고 즉시 R&D 사업팀장을 불러서 개발을 지시하고 6개월의 개발기간을 거친 뒤 새로운 메뉴인 미역국 파스타를 출시했다. 고객들의 반응이 뜨거웠다.

"참 신기하네요." "맛이 느끼하지도 않고 깔끔한 맛이 파스타와 잘 어울

려요.”

미역국 파스타는 생일을 맞은 고객에게는 특별한 메뉴이다. 이 메뉴와 더불어 블랙스미스가 제공하는 생일축하 연출은 고객들의 감동을 불러일으키는 데 손색이 없다. 매장에 생일을 맞은 고객이 찾아오면 먼저 장미꽃 한 송이나 조각 케이크를 내놓는다. 테이블엔 유럽풍의 대형 촛대가 은색 테이블보 위에서 불을 밝히며 은은한 분위기를 자아낸다.

내 생일 때도 압구정점 블랙스미스에서 생일파티를 했다. 패밀리 레스토랑처럼 요란하게 노래를 불러주는 것은 아니다. 하지만 내가 세상의 주인공이 된 듯한 기분이 들기에는 충분했다. 은은한 촛불과 미역국 파스타, 근사한 식사를 배경으로 즉석 사진까지 찍어주니 더할 나위 없이 좋았다.

생일축하 서비스와 함께 미역국 파스타에 대한 고객들의 반응이 좋아지자 신메뉴에 대한 특허를 출원했다. 특허 출원증을 받고서 난 또다시 상상을 시작한다.

“이제 블랙스미스는 시작이다. 앞으로 블랙스미스에서는 다양한 신메뉴가 탄생할 것이다. 우리만의 맛, 우리만의 메뉴가 탄생하고 고객들이 찬사를 아낌없이 보낼 것이다! 역시, 카페베네야!”

참으로 즐거운 상상이지 않는가.

커피는 '씨앗'이다.
나는 커피 같은 사람이 되고 싶다.

커피처럼 깊고 그윽한 맛과 향을 내는
사람이 되고 싶다.

누군가의 가슴에 '꿈'이라는
소중한 씨앗을 심어주는 사람이 되고 싶다.

# 08

# 나는 꿈이라는
# 씨앗을 심는 사람이다

나는 커피 같은 사람이 되고 싶다. 커피처럼 깊고 그윽한 맛과 향을 내는 사람이 되고 싶다. 외롭고 울적할 때 기쁘고 즐거울 때 늘 제일 먼저 생각나는 사람이 되고 싶다. 그리고 무엇보다도 누군가의 가슴에 '꿈'이라는 소중한 씨앗을 심어주는 사람이 되고 싶다.

우리가 흔히 말하는 커피는 열매가 아닌 '씨앗' 부분이다. 커피 열매는 '체리'라고 부른다. 핏빛에 가까운 검붉은 색이 되면 다 익은 것이다. 체리 안에 들어 있는 두 개의 '씨앗'이 바로 커피 재료인 생두이다. 생명의 본질과도 같은 '씨앗', 그것이 커피가 된다. 그래서 나는 커피 같은 사람이 되고 싶다.

"너의 말 한마디는 다른 사람의 한마디와 다르다."

언젠가 어머니께서 내게 하신 말씀이다. 그날 어머니께서는 나에게 당시 이런저런 이유로 어려움을 겪고 있던 외조카와 만나 도움이 되는 이야기를 들려주라고 부탁을 했다. 나는 평소 효도의 근본은 부모님의 마음을 편하게 해 드리는 것이라 믿었기에 어머니 말씀이라면 곧잘 들었다. 그런데 그날은 급하게 처리해야 할 일들이 밀려 있었다. 최근에는 워낙 많은 사람을 만나기 때문에 웬만하면 불필요한 미팅을 줄이고 있다는 이유를 대며 만남을 미뤘다. 내 대답을 들으신 어머니께서는 83세의 할머니 목소리치고는 너무 큰 목소리로 말씀하시는 게 아닌가.

"선권이 네가 성공하더니 거만해졌구나. 외조카가 너를 한번 만나고 싶다는데 시간이 없다고? 바쁘다고 거절을 해야!"

어머니의 호통소리에 나는 그제야 아차 싶었다.

"어머니, 생각이 짧았습니다. 바로 만나겠습니다."

내가 정신을 차리고 곧바로 반성하자 어머니께서는 타이르시듯 나직이 말씀하셨다.

"선권아. 네 한마디의 무게는 남다르다. 네가 한마디를 해주어야 외조카가 마음을 잡고 열심히 살 것 아니냐."

어머니의 말씀은 나에겐 잔잔한 충격을 줬다. 내 말이 어떤 사람들에게 영향을 줄 수도 있다는 것을 비로소 알게 된 것이다. 그리고 말할 땐 항상 겸손해야 한다는 것을 실감하는 순간이었다.

어머니가 내게 그런 말씀을 한 것은 내가 내 나이에 이루기 어려운 큰 성공을 거뒀다는 이유만은 아닐 것이다. 나는 그야말로 아무것도 가진 것 없이 맨바닥에서 시작해 이 자리까지 왔다. 그리고 그 과정에서 실패도 경험했고, 그 실패를 성공의 디딤돌로 삼아 다시 도약하기도 했다. 또 나 때문에 눈물 흘리는 사람이 없도록 옆과 뒤도 돌아보며 양심적으로 사업을 일구어왔다. 이런 나를 곁에서 지켜보았기에 누군가의 멘토가 될 자격이 있다고 생각한 것이다.

나는 사람들 앞에 서서 강의하고 강연을 하는 것을 좋아하지 않는다. 내 일만 하기에도 시간이 모자란 이유도 있지만, 무엇보다도 내가 그들 앞에 나서서 무엇을 가르치기엔 많이 부족한 사람임을 잘 알기 때문이다. 그럼에도 나는 꼭 필요한 일이라 판단되면 시간을 쪼개어 강의하고 강연을 한다. 그들이 꿈을 꾸고 희망을 품는데 작게나마 도움이 되었으면 하는 바람에서다. 특히 청년들이 나를 통해서 자기도 충분히 나와 같은 것을 이룰 수 있다는 것을 느끼게 해주고 싶다. 나 같은 시골 촌놈도 해냈는데 나보다 훨씬 더 나은 조건인 그들이 못 해낼 이유는 없지 않은가.

내가 성공한 프랜차이즈 사업가가 되기까지, 그리고 카페베네가 지금의 성공을 거두기까지 많은 분의 도움이 있었다. 나에게 길을 열어주고 밀어주고 응원해 주었다. 그분들이 없었다면 지금 이 자리에 서지 못했다. 얼굴도 모르는 수많은 사람의 응원과 박수 덕분에 힘든 줄도 모르고 이 길을 달려왔다. 시골 출신의 사람이 서울로 올라와 터전을 잡기란 쉬운 일이 아니다. 특히 사업하는 사람은 인맥이 아주 중요하지만 가족들 외엔 서울에 딱히 아는 사람이 없었기에 여기저기 발로 뛰며 인적 네트워크를 만들어갔다.

당시 동두천에서 거주하던 시절, 나는 무작정 동두천 JC(청년회의소)를 찾아갔다. 원래 그곳은 회원 두 명의 추천을 거쳐서 이사회에서 승인하면 비로소 회원가입이 가능할 만큼 가입이 까다롭다. 게다가 청년회의소는 그 지역의 유지들이 많아서 프라이드와 멤버십이 아주 강하다. 그런 것도 모르고 어느 날 갑자기 시골에서 올라온 청년이 여기에 가입하고 싶다고 찾아오니 그들은 당연히 황당하다는 반응을 보였다.

칼을 뽑았으면 무라도 자르라고 했다. 나는 그런 분위기에 굴하지 않고 그곳을 찾은 이유를 설명했다. 좋은 인맥을 맺고 싶다는 바람도 있었지만, 무엇보다도 그들로부터 사업에 대한 기본기와 축적된 노하우를 배우고 싶었다. 게다가 그들 모임의 목적이 창조적 도전을 장려하고 지역 사회에 도움이 되는 일을 하는 등 건전한 것이어서 더더욱 마음에 들었다.

이런 진심, 사업적 목표, 포부 등을 말하니 그 모습이 좋게 보였던 모양이다. 다행히도 나는 몇몇 분의 추천을 받아 어렵지 않게 그 모임에 가입하게 되었고 여러 가지 도움을 받게 되었다. 특히 그중 한 분은 내가 이후에 청소년 게임장 프랜차이즈 사업을 준비할 때 함께 조사하고 의견을 나눠주는 등 큰 도움을 주었다.

사실 지금의 내가 되기까지 여러 가지 도움을 주셨던 분들을 일일이 열거하라면 책 한 권으로도 모자랄 것이다. 가진 것 없는 시골 출신의 젊은 이가 혼자 힘으로 지금의 이 자리까지 오는 것은 쉬운 일이 아니다. 결국, 누군가의 도움으로 이 자리에 오게 되었다. 그것은 내 어머니의 간절한 기도였을 수도 있고 얼굴도 모르는 누군가의 응원이었을 수도 있다. 또는 어린 시절 읽었던, 자수성가한 위인의 한 마디가 별이 되어 내 인생의 이정

표를 제시해 주었을 수도 있다. 어떤 형태로든 나는 그분들에게 은혜를 입었다. 그 은혜를 갚는 길은 결국 나 역시 누군가의 빛이 되고 씨앗이 되는 삶을 사는 것으로 생각한다.

카페베네가 국내에서 스타벅스를 제압하는 데 성공하자 여기저기에서 '토종'을 강조하며 칭찬과 격려의 말을 아끼지 않았다. 어디 그뿐인가. 카페베네가 뉴욕에 진출하자 유학생을 비롯한 그곳의 교민들은 트위터와 같은 SNS를 통해 카페베네의 뉴욕 진출 성공을 기원하는 격려의 말을 전해왔다. 그 순간 내게 그들의 한 마디 한 마디는 마치 태극전사들을 응원하는 붉은악마의 우렁찬 함성과도 같았다. 나는 그들의 목소리를 영원히 잊지 않을 것이다.

받은 것은 반드시 돌려주어야 한다. 특히 은혜는 받은 것의 두 배 세 배로 더 크게 돌려주어야 마땅하다. 『탈무드』에 나오는 일화 중에 한 노인이 동네 언덕에 묘목을 심는 것을 보고 지나가던 사람이 의아해하며 물었단다.

"어르신, 언제쯤 그 나무에 열매가 열릴까요?"

"한 70년쯤 지나면 열리겠지."

"그때까지 어르신이 사실 수 있다고 생각하세요?"

"내가 어렸을 때 이곳엔 열매가 많이 열려 있었다네. 그것은 내가 태어나기 이전에 누군가 이곳에 묘목을 심어놓았기 때문일세. 난 그저 내가 받은 것을 돌려주고자 하는 것뿐이라네."

그 누구의 도움도 없이 혼자서 이루어내는 성공은 없다. 선대에서 닦아놓은 여러 경제적, 사회적 환경이 터전이 되고 현대를 함께 사는 사람들의 지원과 응원이 에너지가 되어 성공을 이루어낸다. 그래서 우리 역시 함께 하는 사람들의 좋은 지원지와 응원지기 되어야 한다. 나아가 후대의 청년들이 더 편안하게 꿈을 펼칠 수 있도록 좋은 터전을 만들어주어야 한다.

나는 청년들이 나를 통해 더 큰 '꿈'을 꿀 수 있도록 돕고 싶다. 그리고 내가 먼저 닦아놓은 길을 활용해 기왕이면 그 꿈이 더 큰 무대에서 이뤄졌으면 좋겠다. 마치 판사 집안, 의사 집안 등 비빌 언덕이 있는 사람들이 누리는 특별한 혜택처럼 나는 청년들에게 선구자가 되어 그런 혜택을 주는 사람이 되고 싶다. 특히 사업가의 꿈을 꾸는 청년들이라면 카페베네를 통해 글로벌 기업도 꿈꿨으면 좋겠다. 맥도날드도 해냈고, 스타벅스도 해냈다. 카페베네라고 못해낼 이유가 없다. 또 카페베네가 이루어내면 그 누구라도 할 수 있다.

나의 궁극적인 바람은 젊은 청년들에게 누구든 열심히만 하면 꿈을 이룰 수 있다는 희망을 심어주는 것이다. 하지만 어쩌면 그것은 너무 막연하게 느껴질 수 있기에 나는 작게나마 당장 그들과 함께 나눌 수 있는 것들을 생각하고 실천한다. 2012년 하반기부터 신입사원 공개 채용을 실시한다. 나는 입사자 모두를 해외에 연수 보낼 계획이다. 지금껏 내가 카페베네를 경영하며 가장 아쉬웠던 부분이 글로벌 인재이다. 뉴욕 등 국외 진출을 준비하며 경력사업을 모집했는데 지원자의 대부분이 IT 출신들이고 외식사업 쪽으론 거의 없었다.

카페베네 공채 1기 신입사원 청년들은 해외에 나가서 그곳의 문화와 전통을 경험하고 언어를 익히고 돌아올 것이다. 나는 그들 중 능력이 뛰어난 이들을 선별해 회사의 주요 부서에 투입할 생각이다. 내가 그들에게 판을 깔아주면 그들은 그곳에서 신명 나게 자신의 끼를 발휘하며 맘껏 배우고 돌아오면 된다. 그들의 꿈을 펼치기 위해 카페베네는 기꺼이 발판이 되어 줄 것이다.

# 지갑에 달랑 5만 원밖에 없어도
# 행복한 이유

여름의 문턱에서 가을로 넘어가는 어느 날, 밤 10시쯤 모 일간지 산업부장에게
연락이 왔다.

"김 사장, 이혼한다는 소식 있던데 맞나요?"

아닌 밤중에 홍두깨도 아니고 이게 무슨 어처구니없는 이야기인가 싶었다. 카
페베네가 빠른 속도로 성장할 때 악성루머가 돈 적이 있었다. 여전히 나와 회사
를 둘러싼 사람들의 호기심은 여전한가 보다. 아직도 자주 듣는 이야기가 회사
매각설이다. 더 어이가 없는 것은 구체적인 매각금액까지 시중에 떠돈다는 것이
다. 심지어 우리에게 이 금액을 확인하는 일도 있었다. 물론 이 모든 이야기는 근
거도 없는 뜬소문에 불과하다. 그러나 아내와의 이혼 뜬소문은 생각지도 못한 것
이었다. 나는 내 아내에 대해 각별한 생각을 하고있는 마당에 이혼이라니.

2012년 5월부터 매달 한 번씩 사원들과 점심을 먹으면서도 아내에 대한 심정
을 밝힌 적이 있다. 회의실이나 사무실이 아니라 음식을 앞에 놓고 마주하면 아
무래도 격의 없이 개인적인 이야기가 오가게 마련이다. 그날은 마침 대부분 미혼
직원인 탓에 자연스럽게 결혼 얘기가 화제였다.

"대표님! 배우자감으로 어떤 사람을 찾아야 할지 잘 모르겠어요"

"남편감은 남자가 봐야 제대로 고를 수 있다는데, 어떤 남자가 진짜 괜찮은 사람이에요?"

"신붓감 고르기도 엄청나게 어렵습니다"

내가 중매쟁이나 연애의 고수도 아닌데, 꼬리를 물고 이어지는 질문에 순간 난감했다. 하지만 아내의 얼굴이 떠올라 슬며시 웃으며 대답했다.

"남자는 위기에 처했을 때 어떻게 행동하는지 책임감을 제일 먼저 봐야 해요. 여자는 우리 집사람 같으면 최고죠."

직원들은 대답이 싱겁다는 듯 웃고 말았지만 나는 진심이었다. 주변에서 내게 사업의 성공 비결이 무엇이냐고 물어보면 내 머릿속에서 가장 먼저 떠오르는 단어는 바로 '가족'이다. 고맙게도 내 가족들은 항상 나에게 겸손과 업의 본질을 깨닫도록 도와준다.

지금도 주말만 되면 집사람과 함께 강남역, 압구정, 중계동 등 매장을 순회한다. 어느덧 매장을 돌아보는 것이 우리 부부의 주말 일상이 됐다. 일인지 여가 생활인지 구분이 안 되는 나들이가 그리 반갑지만은 않을 것이다. 그런데 아내는 고맙게도 예리한 눈으로 나를 긴장시키곤 한다. 나보다 더 내가 하는 일의 본질에 관해서 이야기하는 것이다. 나는 외부 강의나 크고 작은 행사를 위해 이런저런 준비를 할 때 의상이나 피부 문제를 걱정하기도 한다. 그때마다 아내는 내게 따끔한 조언을 한다.

"지금 하는 일의 본질을 보세요. 커피 시장이 어떻게 변하고 있는지도 보고, 또 그 변화에 대비하는 게 우선이죠. 강의나 외부 행사도 다 커피와 관련된 일인데 지금 옷과 피부 문제가 그렇게 중요해요?"

명색이 커피 전문점 프랜차이즈 사장인데 체면이 말이 아니다. 게다가 큰아들 온 한술 더 뜬다.

"아빠! 매일 강의 원고만 보고 있으면 일은 언제 해요? 그리고 강의를 그렇게 자주 하는데 아직도 외워지지 않아요? 대체 아빠의 아이큐는 얼마일까?"

큰아들은 내 아이큐까지 들먹이며 핀잔을 준다. 그러면 네가 한번 해보라고 말하지만, 왠지 서글픈 마음이 들기도 한다. 앞만 보고 달리다 보니 이젠 기억력도 예전 같지 않고 하루가 다르게 체력이 고갈되는 느낌이 드는 것이다. 그럼에도 아내와 아들의 핀잔이 마냥 싫지만은 않다.

가족들의 진심 어린 핀잔을 들으면 나는 지갑 안에 있는 메모지를 들여다본다. 그 메모지에는 내가 태어난 날짜와 함께 사망예정일이 적혀 있다. 사망예정일은 탐욕에 대한 경계를 잊지 않기 위해서 스스로 만들어놓은 날짜이다. 아무리 돈을 벌어도 무덤까지 가져갈 수 없다. 그저 자신과 가족을 위해 열심히 사는 것이야말로 가장 가치 있는 일이라고 생각한다.

잠시 딴생각에 빠질 때마다 나는 가족들의 조언과 함께 자신을 다잡으려고 지갑을 연다. 지갑에 적힌 메모지는 한 번 펼치면 쉽게 볼 수 있기 때문에 자칫 궤도를 벗어나려고 할 때 나를 채찍질 해주곤 한다. 그래서 거의 매일 자신을 스스로 경계할 수밖에 없다. 탐욕을 해서는 안 되고, 업의 본질을 잊어서는 안 된다는 자기암시를 하는 것이다.

탐욕은 파멸의 지름길이다. 나는 탐욕에 대해 직원들한테도 스스럼없이 이야기한다. 한번은 팀장급 간담회를 할 때였다. 한 식당에 여러 사업부에서 온 10여 명의 직원과 함께 이야기를 나누었다. 갑자기 한 직원이 예상치도 못한 질문을 했다.

"대표님! 지금 대표님의 지갑에 현금이 얼마 있는지 궁금합니다."

카페베네의 대표이사쯤 되니 지갑이 두둑한 줄 알았나 보다. 그러나 그날 내 지갑 안에는 고작 5만 원이 전부였다.

"5만 원이 있네요. 물론 카드는 한 장 갖고 다니지만."

"에이, 설마요. 정말 대표님 지갑에 5만 원밖에 없을 리가⋯⋯."

나는 반신반의하는 직원들의 반응을 보며 돈에 대한 내 생각을 이야기했다.

"대표이사는 부자가 아닙니다. 다음 주에 돌아오는 카드대금 결제 때문에 머리가 아파요. 나도 회사에서 월급을 받지만, 최근에는 차량할부 대금 때문에 걱정이 됩니다. 회사 비용절감 차원에서 회사 차량 승용차를 개인 명의로 할부구매를 했거든요."

그들은 의아하다는 듯 나를 바라봤다. 직장인들의 로망이 창업이나 회사의 CEO다. 그런데 CEO가 차량할부대금에 카드결제를 운운하니 쉽게 받아들이기가 어려웠던 것이다.

"물론 왜 그렇게까지 하냐고 임원들이 반대했지만, 그렇다고 회사 성장을 위한 마케팅이나 신규 사업 예산을 줄일 수는 없잖아요? 최소한 지금은 내가 감당할 수 있는 일들을 하자고. 그리고 훗날 회사가 이익 전환되면 그때는 회사 업무 차량으로 변경하자 생각하며 결정한 일이죠. 나를 믿고 투자한 주주들과 나를 믿고 일하는 많은 분을 위해 나도 비용절감, 수익 극대화에 동참하기 위해 업무 차량을 개인 명의로 구매한 겁니다. 회사가 잘 된다고 해서 그 수익이 다 대표이사 것은 절대 아니에요. 회사가 커지면 투자비용도 더 커지니 미래를 대비하는 것은 당연하죠."

지갑에 달랑 5만 원밖에 없는 대표이사. 회사의 재정 부담을 조금이라도 줄이려는 대표이사의 이야기가 그들로서는 선뜻 이해가 되지 않았을 것이다. 하지만 가족들은 나의 이런 모습을 이해해 준다. 지갑의 두께에 상관없이, 회사의 크기에 상관없이 언제든 같은 마음으로 응원해준다.

휴일 나들이까지 매장 순례하는 것으로 대신하는 일상에 기꺼이 동참해주는 아내와 태훈, 태강, 태희 세 아들을 생각하면 어떤 힘든 일이 있더라도 쉽게 포기할 수 없다.

그리고 부족한 아들이 이만큼 성장할 수 있도록 늘 한결같은 믿음으로 곁을 지켜주시는 어머니는 내 인생의 가장 큰 축복이다.

KI신서 4467

## 꿈에 진실하라 간절하라

**1판 1쇄 인쇄** 2012년 11월 10일
**1판 1쇄 발행** 2012년 11월 15일

**지은이** 김선권
**펴낸이** 김영곤 **펴낸곳** (주)북이십일 21세기북스
**부사장** 임병주 **MC기획2실장** 안현주
**기획** 손인호 조영갑 오미현 이지혜 **디자인** 표지 twoes 본문 김진디자인
**마케팅영업본부장** 최창규 **마케팅** 김현섭 최혜령 김다영 이은혜 강서영 **영업** 이경희 정병철
**출판등록** 2000년 5월 6일 제10-1965호
**주소** (우 413-120) 경기도 파주시 회동길 201(문발동)
**대표전화** 031-955-2100 **팩스** 031-955-2151 **이메일** book21@book21.co.kr
**홈페이지** www.book21.com **트위터** @21cbook **블로그** b.book.com

ISBN 978-89-509-4424-7 03320
책값은 뒤표지에 있습니다.